Guttentagsche Sammlung
Deutscher Reichsgesetze.
Textausgaben ohne Anmerkungen mit Sachregister.

Wechselordnung

in der Fassung der Bekanntmachung
vom 3. Juni 1908 (RGBl. S. 326 ff.)

mit einem Anhang, enthaltend

den Wechselprozeß und Nebengesetze.

Text-Ausgabe
mit Einleitung und Sachregister.

Berlin und Leipzig 1928.
Walter de Gruyter & Co.
vormals G. J. Göschen'sche Verlagshandlung — J. Guttentag, Verlagsbuchhandlung — Georg Reimer Karl J. Trübner — Veit & Comp.

Inhalt.

Vorbemerkung.

I. Das Wechselrecht hat eine Geschichte von nahezu 600 Jahren. Aus der Übung der Kaufleute, die sich vorzugsweise im internationalen Handel entwickelte und zur Bildung eines Handelsgewohnheitsrechts führte, sind einschließlich die Wechselordnungen der verschiedenen Staaten entstanden. Über 56 solcher Wechselordnungen gab es im Anfange des vorigen Jahrhunderts allein in Deutschland.

Die Zeit, die das bis dahin herrschende System der national gebundenen Wirtschaft sprengte und mit der Entwicklung der Maschine, der Massenproduktion und des Kapitalismus die Erschließung der Weltmächte und die den Erdkreis umspannende Weltwirtschaft emporwachsen sah, ließ zum ersten Male das Bedürfnis nach einem weite Gebiete umfassenden Weltverkehrsrecht spüren. Hat das Obligationenrecht, und in diesem wieder das Handelsrecht an sich schon das Bestreben, den Bedürfnissen des internationalen Handels nach Angleichung und Vereinheitlichung der Rechtsordnungen entgegenzukommen, so mußte sich dieses Bestreben im Wechselrecht, dessen tägliches Anwendungsgebiet der internationale Devisen- und Bankverkehr ist, am ehesten auswirken.

In den ehemaligen deutschen Einzelstaaten führte das Bedürfnis nach Rechtsangleichung schon lange vor der politischen Einigung zur Vereinheitlichung des Verkehrsrechts und zwar in erster Linie des Wechselrechts. Einer Einladung der preußischen Regierung folgend, versammelten sich die Vertreter der dem Deutschen Zollverein angeschlossenen Staaten im Herbst 1847 in Leipzig, um den Entwurf der geplanten Allgemeinen Deutschen Wechselordnung auszuarbeiten. Dieser wurde am 9. Dezember 1847 fertiggestellt, in dem folgenden Revolutionsjahre am 24. November unverändert von der Frankfurter Konstituierenden Nationalversammlung zum Gesetz erhoben und als solches am 26. November 1848 im Reichsgesetzblatt veröffentlicht.

Der deutsche Einheitsstaat kam 1848 trotz aller nationalen und revolutionären Begeisterung noch nicht zustande. Die als Reichsgesetz so hoffnungsfreudig verkündete Wechselordnung erlangte somit in Ermangelung eines die deutschen Staaten mit einem Rechtsbande umfassenden Reiches keine Gesetzeskraft. Hierzu bedurfte es erst der gesetzgeberischen Tätigkeit sämtlicher deutschen Einzelstaaten, die in den folgenden Jahren die Allgemeine Deutsche Wechselordnung durch Landesgesetze einführten. In Preußen ist dies durch Verordnung vom 6. Januar 1849, die zugleich das bis dahin geltende Wechselrecht des Allgemeinen Landrechtes (Teil II Titel 8) außer Kraft setzte, geschehen.

Nachdem die Wechselordnung schon vorher durch die sogenannten „Nürnberger Novellen" in einigen Artikeln abgeändert worden war, wurde sie 1869 vom Norddeutschen Bunde zum Landesgesetz und später durch Gesetz vom 16. April 1871 zum Reichsgesetz erhoben. Sie ist wesentlich ergänzt und in abgeänderter

Form neu veröffentlicht worden auf Grund des Reichsgesetzes vom 30. Mai 1908.

Das Bestreben des Wechselrechts nach internationaler Vereinheitlichung, das schon so handgreiflich in der übereinstimmenden Einführung der Allgemeinen Deutschen Wechselordnung in den deutschen Einzelstaaten in Erscheinung getreten war, führte bereits vor dem Weltkriege zu dem Versuche, die Wechselordnungen der Kulturstaaten einander anzugleichen. Die hervorragende Stellung des Wechsels im internationalen Devisen- und Geldverkehr hatte die meisten Staaten ohnehin schon gezwungen, ihre wechselrechtlichen Bestimmungen, dem Verkehrsbedürfnisse und Handelsbrauche folgend, einander so sehr anzupassen, daß bereits im Jahre 1910 die Schaffung einer einheitlichen internationalen Wechselordnung durchführbar erschien. Einer zu diesem Zwecke nach dem Haag einberufenen internationalen Konferenz folgte im Jahre 1912 eine zweite. Diese nahm am 23. Juli 1912 das „Abkommen zur Vereinheitlichung des Wechselrechts“ und die „Einheitliche Wechselordnung“ an, welche nun durch Einzelgesetze bei den Vertragsstaaten eingeführt werden sollte. Der Weltkrieg hat die Ratifizierung dieses Abkommens und die Einführung der „E.W.O.“ verhindert. Mögen die Staaten bald die Entschlußkraft finden, im Rahmen des Völkerbundes das große Gesetzgebungswerk vom Haag erneut in Angriff zu nehmen.

II. Das deutsche Wechselrecht ist nicht wie das Recht des Handelsgesetzbuches ein Sonderrecht des Kaufmannsstandes, es ist kein „eigentliches“ Handelsrecht.

Auch Nichtkaufleute können Wechselgläubiger- oder schuldner sein. Trotzdem ist der aus der Übung der Kaufleute hervorgegangene Wechsel von grundlegender Bedeutung nur in der Handelswelt. Das Wechselrecht ist somit „uneigentliches“ Handelsrecht wie z. B. das Recht der Konkursordnung. Die Rechtsordnung trägt dem Rechnung, indem sie Rechtsstreitigkeiten aus Wechseln als „Handelssachen“ bezeichnet und vor die Kammer für Handelssachen verweist (§ 95 GVG.).

Will man die Eigentümlichkeiten des Wechselrechts verstehen und den Inhalt der Wechselordnung in einer kurzen Formel zusammenfassen, so muß man sich nur die wirtschaftliche Bedeutung des Wechsels vergegenwärtigen. Dieser soll im Wirtschaftsverkehr, ohne selbst Geld im Rechtssinn, d. h. endgültiges gesetzliches Zahlungsmittel, zu sein, wesentlich Geldfunktionen erfüllen: er soll wie Geld von Hand zu Hand gehen können und wie dieses ein den Güterumlauf förderndes „Zirkulationsmittel“ werden. Er muß daher, wiewohl er ein Kreditpapier ist und nur eine Zahlungs*pflicht* verbrieft, mit so strengen Rechtsgarantien ausgestattet sein, daß die sofortige erfolgreiche Geltendmachung der Gläubigerrechte am Verfalltage den Schwierigkeiten und Hemmungen nicht begegnen kann, die der Durchführung sonstiger Ansprüche entgegenstehen. Der eine Zahlungspflicht verbriefende Wechsel soll im Verkehr möglichst so angesehen werden, als sei er „bar Geld“.

Das geltende Wechselrecht versucht dieses Ziel durch folgende Maßnahmen zu erreichen:

a) Es erhebt den Wechsel zum *Wertpapier*, d. h. zu einer Urkunde, „deren Besitz zur Ausübung des verbrieften Rechtes erforderlich ist" (Jacobi). Der Wechselschuldner kann also mit befreiender Wirkung nur an den Inhaber des Wechsels leisten (Art. 39).

b) Es bestimmt, daß der Wechsel, ohne daß die Urkunde eine besondere Bestimmung dieses Inhalts enthalten müßte, an Order gestellt werden darf; es macht den Wechsel zum Orderpapier seiner Natur nach: zum „geborenen" Orderpapier (Art. 9).

Hierdurch wird die Zirkulationsfähigkeit des Wechsels besonders gewährleistet. Als Orderpapier ist er seiner Natur nach frei an Dritte übertragbar.

c) Der Wechsel darf nur auf eine bestimmte Geldsumme lauten (Art. 4 Z. 2), die nicht in Raten, sondern nur auf einmal an dem in dem Wechsel bezeichneten Verfalltage fällig werden darf (Art. 4 Z. 4). Nicht einmal Zinsversprechen dürfen nach deutschem Wechselrecht dem Wechsel einverleibt werden (Art. 7 S. 3). Doch macht ein solches den Wechsel nicht ungültig, es gilt vielmehr als nicht geschrieben. Gerade dies ist übrigens eine Eigentümlichkeit des deutschen Wechselrechts; das angloamerikanische Recht läßt sowohl den Ratenwechsel wie das Zinsversprechen auf dem Wechsel zu.

d) Die Umlaufsfähigkeit des Wechsels wird aufs höchste gesteigert durch die Einrichtung des Indossaments. Dies ist eine von dem Wechselgläubiger auf den Wechsel (Art. 11) gesetzte, unterschriebene Erklärung, die die Gläubigerrechte überträgt, den neuen Gläubiger (Indossatar) als solchen legitimiert und die Rückgriffshaftung des alten Gläubigers (Indossant) begründet („Transport-, Legitimations- und Garantiefunktion" des Indossaments Art. 9 ff.). All diese Wirkungen werden stillschweigend hervorgerufen, selbst wenn der Indossant sich darauf beschränkt, seinen Namen oder seine Firma auf die Rückseite des Wechsels zu setzen (Blankoindossament: Art. 12).

Gerade die Einrichtung des Blankoindossaments steigert die Fungibilität des Wechsels aufs äußerste. Der blanko indossierte Wechsel kann nun formlos von Hand zu Hand gehen. Seine bloße Übereignung überträgt auf den Nehmer alle Wechselrechte. Der Wechsel wird so wirtschaftlich zum „Inhaberpapier", das jeder Geschäftsfähige durch die Niederschrift weniger Worte ohne die Erschwerung des § 795 BGB. jederzeit schaffen kann. Insofern besteht also die Rechtsangleichung zum anglo-amerikanischen Recht, das ausdücklich den Inhaberwechsel zuläßt.

c) Der legitimierte Wechselinhaber kann sich nicht nur an den Akzeptanten, sondern auch an den Aussteller und die ihm vorhergehenden Indossanten halten. Sie alle haften ihm, falls der Bezogene am Verfalltage bei Präsentation des Wechsels nicht zahlt, als Rückgriffsschuldner gesamtschuldnerisch. Diese Vervielfältigung der aus dem Wechsel Zahlungspflichtigen bedeutet einen besonderen Schutz für den Wechselgläubiger, für den die Wahrscheinlichkeit, die Zahlung der versprochenen Summe auch tatsächlich zu erlangen, mit steigender Zahl der Vormänner und mit der Güte derselben bis zur Gewißheit wächst.

f) Die Krönung und Zusammenfassung all der Garantien zugunsten des Wechselgläubigers, in denen vor allem die sogenannte „Wechselstrenge" (rigor cambialis) ihren Ausdruck findet, ist der weitgehende Ausschluß aller die Durchführung des Wechselanspruches behindernden Einwendungen und prozessualen Verteidigungsmittel des Schuldners. Dies äußert sich

einmal auf materiell rechtlichem Gebiet in Art. 82, der die „abstrakte" Natur der Wechselverbindlichkeit begründet und Einreden aus dem der Wechselbegebung zugrunde liegenden Schuldverhältnisse ausschließt;

zum andern prozessual in §§ 592 ff. ZPO., die durch Abkürzung der Einlassungs- und Ladefristen, Einschränkung der Beweismittel, Ausschluß von Widerklagen und bedingtem Endurteil eine aufs äußerste beschleunigte Durchführung des Wechselprozesses gewährleisten.

Dr. Karl-August Crisolli.

Wechselordnung.

Erster Abschnitt.

Von der Wechselfähigkeit.

Artikel 1.

Wechselfähig ist jeder, welcher sich durch Verträge verpflichten kann.

Artikel 3*).

Finden sich auf einem Wechsel Unterschriften von Personen, welche eine Wechselverbindlichkeit überhaupt nicht oder nicht mit vollem Erfolg eingehen können, so hat dies auf die Verbindlichkeit der übrigen Wechselverpflichteten keinen Einfluß.

Zweiter Abschnitt.

Von gezogenen Wechseln.

I. Erfordernisse eines gezogenen Wechsels.

Artikel 4.

Die wesentlichen Erfordernisse eines gezogenen Wechsels sind:

1. die in den Wechsel selbst aufzunehmende Bezeichnung als Wechsel oder, wenn der Wechsel in einer fremden Sprache ausgestellt ist, ein jener Bezeich-

*) Der Artikel 2 ist aufgehoben.

nung entsprechender Ausdruck in der fremden Sprache;

2. die Angabe der zu zahlenden Geldsumme;
3. der Name der Person oder die Firma, an welche oder an deren Order gezahlt werden soll (des Remittenten);
4. die Angabe der Zeit, zu welcher gezahlt werden soll; die Zahlungszeit kann für die gesamte Geldsumme nur eine und dieselbe sein und nur festgesetzt werden
   auf einen bestimmten Tag,
   auf Sicht (Vorzeigung, a vista usw.) oder auf eine bestimmte Zeit nach Sicht,
   auf eine bestimmte Zeit nach dem Tage der Ausstellung (nach dato),
   auf eine Messe oder einen Markt (Meß- oder Marktwechsel);
5. die Unterschrift des Ausstellers (Trassanten) mit seinem Namen oder seiner Firma;
6. die Angabe des Ortes, Monatstags und Jahres der Ausstellung;
7. der Name der Person oder die Firma, welche die Zahlung leisten soll (des Bezogenen oder Trassaten);
8. die Angabe des Ortes, wo die Zahlung geschehen soll; der bei dem Namen oder der Firma des Bezogenen angegebene Ort gilt für den Wechsel, insofern nicht ein eigener Zahlungsort angegeben ist, als Zahlungsort und zugleich als Wohnort des Bezogenen.

Artikel 5.

Ist die zu zahlende Geldsumme (Artikel 4 Nr. 2) in Buchstaben und in Ziffern ausgedrückt, so gilt bei Abweichungen die in Buchstaben ausgedrückte Summe.

Ist die Summe mehrmals mit Buchstaben oder mehrmals mit Ziffern geschrieben, so gilt bei Abweichungen die geringere Summe.

Artikel 6.

Der Aussteller kann sich selbst als Remittenten (Artikel 4 Nr. 3) bezeichnen (Wechsel an eigene Order).

Desgleichen kann der Aussteller sich selbst als Bezogenen (Artikel 4 Nr. 7) bezeichnen, sofern die Zahlung an einem anderen Orte als dem der Ausstellung geschehen soll (trassiert-eigene Wechsel).

Artikel 7.

Aus einer Schrift, welcher eines der wesentlichen Erfordernisse eines Wechsels (Artikel 4) fehlt, entsteht keine wechselmäßige Verbindlichkeit. Auch haben die auf eine solche Schrift gesetzten Erklärungen (Indossament, Akzept, Aval) keine Wechselkraft. Das in einem Wechsel enthaltene Zinsversprechen gilt als nicht geschrieben.

II. Verpflichtungen des Ausstellers.

Artikel 8.

Der Aussteller eines Wechsels haftet für dessen Annahme und Zahlung wechselmäßig.

III. Indossament.

Artikel 9.

Der Remittent kann den Wechsel an einen anderen durch Indossament (Giro) übertragen.

Hat jedoch der Aussteller die Übertragung im Wechsel durch die Worte „nicht an Order" oder durch einen gleichbedeutenden Ausdruck untersagt, so hat das Indossament keine wechselrechtliche Wirkung.

Artikel 10.

Durch das Indossament gehen alle Rechte aus dem Wechsel auf den Indossatar über, insbesondere auch die Befugnis, den Wechsel weiter zu indossieren. Auch an den Aussteller, Bezogenen, Akzeptanten oder einen früheren Indossanten kann der Wechsel gültig indossiert und von denselben weiter indossiert werden.

Artikel 11.

Das Indossament muß auf den Wechsel, eine Kopie desselben oder ein mit dem Wechsel oder der Kopie verbundenes Blatt (Allonge) geschrieben werden.

Artikel 12.

Ein Indossament ist gültig, wenn der Indossant auch nur seinen Namen oder seine Firma auf die Rückseite des Wechsels oder der Kopie oder auf die Allonge schreibt (Blanko-Indossament).

Artikel 13.

Jeder Inhaber eines Wechsels ist befugt, die auf demselben befindlichen Blanko-Indossamente auszufüllen; er kann den Wechsel aber auch ohne diese Ausfüllung weiter indossieren.

Artikel 14.

Der Indossant haftet jedem späteren Inhaber des Wechsels für dessen Annahme und Zahlung wechselmäßig. Hat er aber dem Indossamente die Bemerkung „ohne Gewährleistung", „ohne Obligo" oder einen gleichbedeutenden Vorbehalt hinzugefügt, so ist er von der Verbindlichkeit aus seinem Indossamente befreit.

Artikel 15.

Ist in dem Indossamente die Weiterbegebung durch die Worte „nicht an Order" oder durch einen gleichbedeutenden Ausdruck verboten, so haben diejenigen, an welche der Wechsel aus der Hand des Indossatars gelangt, gegen den Indossanten keinen Regreß.

Artikel 16.

Wenn ein Wechsel indossiert wird, nachdem die für die Protesterhebung mangels Zahlung bestimmte Frist abgelaufen ist, so erlangt der Indossatar die Rechte aus dem etwa vorhandenen Akzepte gegen den Bezogenen und Regreßrechte gegen diejenigen, welche den Wechsel nach Ablauf dieser Frist indossiert haben.

Ist aber der Wechsel vor dem Indossamente bereits mangels Zahlung protestiert worden, so hat der Indossatar nur die Rechte seines Indossanten gegen den Akzeptanten, den Aussteller und diejenigen, welche den Wechsel bis zur Protesterhebung indossiert haben.

Auch ist in einem solchen Falle der Indossant nicht wechselmäßig verpflichtet.

Artikel 17.

Ist dem Indossamente die Bemerkung „zur Einkassierung“, „in Prokura“ oder eine andere die Bevollmächtigung ausdrückende Formel beigefügt worden, so überträgt das Indossament das Eigentum an dem Wechsel nicht, ermächtigt aber den Indossatar zur Einziehung der Wechselforderung, Protesterhebung und Benachrichtigung des Vormanns seines Indossanten von der unterbliebenen Zahlung (Artikel 45) sowie zur Einklagung der nicht bezahlten und zur Erhebung der deponierten Wechselschuld. Ein solcher Indossatar ist auch berechtigt, diese Befugnis durch ein weiteres Prokura-Indossament einem anderen zu übertragen. Dagegen ist derselbe zur weiteren Begebung durch eigentliches Indossament selbst dann nicht befugt, wenn dem Prokura-Indossamente der Zusatz „oder Order“ hinzugefügt ist.

IV. Präsentation zur Annahme.

Artikel 18.

Der Inhaber eines Wechsels ist berechtigt, den Wechsel dem Bezogenen sofort zur Annahme zu präsentieren und in Ermangelung der Annahme Protest erheben zu lassen. Eine entgegenstehende Übereinkunft hat keine wechselrechtliche Wirkung. Nur bei Meß- oder Marktwechseln findet eine Ausnahme dahin statt, daß solche Wechsel erst in der an dem Meß- oder Marktorte gesetzlich bestimmten Präsentationszeit zur

Annahme präsentiert und in Ermangelung derselben protestiert werden können. Der bloße Besitz des Wechsels ermächtigt zur Präsentation des Wechsels und zur Erhebung des Protestes mangels Annahme.

Artikel 19.

Eine Verpflichtung des Inhabers, den Wechsel zur Annahme zu präsentieren, findet nur bei Wechseln statt, welche auf eine bestimmte Zeit nach Sicht lauten. Solche Wechsel müssen bei Verlust des wechselmäßigen Anspruchs gegen die Indossanten und den Aussteller nach Maßgabe der besonderen im Wechsel enthaltenen Bestimmung und in Ermangelung derselben binnen zwei Jahren nach der Ausstellung zur Annahme präsentiert werden. Hat ein Indossant auf einem Wechsel dieser Art seinem Indossament eine besondere Präsentationsfrist hinzugefügt, so erlischt seine wechselmäßige Verpflichtung, wenn der Wechsel nicht innerhalb dieser Frist zur Annahme präsentiert worden ist.

Artikel 20.

Wenn die Annahme eines auf bestimmte Zeit nach Sicht gestellten Wechsels nicht zu erhalten ist oder der Bezogene die Datierung seines Akzepts verweigert, so muß der Inhaber bei Verlust des wechselmäßigen Anspruchs gegen die Indossanten und den Aussteller die rechtzeitige Präsentation des Wechsels durch einen innerhalb der Präsentationsfrist (Artikel 19) erhobenen Protest feststellen lassen.

Der Protesttag gilt in diesem Falle für den Tag der Präsentation.

Ist die Protesterhebung unterblieben, so wird gegen den Akzeptanten, welcher die Datierung seines Akzepts unterlassen hat, die Verfallzeit des Wechsels vom letzten Tage der Präsentationsfrist an gerechnet.

V. Annahme (Akzeptation).

Artikel 21.

Die Annahme des Wechsels muß auf dem Wechsel schriftlich geschehen.

Jede auf den Wechsel geschriebene und von dem Bezogenen unterschriebene Erklärung gilt für eine unbeschränkte Annahme, sofern nicht in derselben ausdrücklich ausgesprochen ist, daß der Bezogene entweder überhaupt nicht oder nur unter gewissen Einschränkungen annehmen wolle.

Gleichergestalt gilt es für eine unbeschränkte Annahme, wenn der Bezogene ohne weiteren Beisatz seinen Namen oder seine Firma auf die Vorderseite des Wechsels schreibt.

Die einmal erfolgte Annahme kann nicht wieder zurückgenommen werden.

Artikel 22.

Der Bezogene kann die Annahme auf einen Teil der im Wechsel verschriebenen Summe beschränken.

Werden dem Akzept andere Einschränkungen beigefügt, so wird der Wechsel einem solchen gleichgeachtet, dessen Annahme gänzlich verweigert worden ist, der Akzeptant haftet aber nach dem Inhalte seines Akzepts wechselmäßig.

Artikel 23.

Der Bezogene wird durch die Annahme wechselmäßig verpflichtet, die von ihm akzeptierte Summe zur Verfallzeit zu zahlen.

Auch dem Aussteller haftet der Bezogene aus dem Akzepte wechselmäßig.

Dagegen steht dem Bezogenen kein Wechselrecht gegen den Aussteller zu.

Artikel 24.

Ist in dem Wechsel ein vom Wohnorte des Bezogenen verschiedener Zahlungsort (Artikel 4 Nr. 8) angegeben (Domizilwechsel), so ist, insofern der Wechsel nicht schon ergibt, durch wen die Zahlung am Zahlungsort erfolgen soll, dies vom Bezogenen bei der Annahme auf dem Wechsel zu bemerken. Ist dies nicht geschehen, so wird angenommen, daß der Bezogene selbst die Zahlung am Zahlungsorte leisten wolle.

Der Aussteller eines Domizilwechsels kann in demselben die Präsentation zur Annahme vorschreiben. Die Nichtbeobachtung dieser Vorschrift hat den Verlust des Regresses gegen den Aussteller und die Indossanten zur Folge.

VI. Regreß auf Sicherstellung.

1. Wegen nicht erhaltener Annahme.

Artikel 25.

Wenn die Annahme eines Wechsels überhaupt nicht oder unter Einschränkungen oder nur auf eine geringere

Summe erfolgt ist, so sind die Indossanten und der Aussteller wechselmäßig verpflichtet, gegen Aushändigung des mangels Annahme aufgenommenen Protestes genügende Sicherheit dahin zu leisten, daß die Bezahlung der im Wechsel verschriebenen Summe oder des nicht angenommenen Betrags sowie die Erstattung der durch die Nichtannahme veranlaßten Kosten am Verfalltag erfolgen werde.

Jedoch sind diese Personen auch befugt, auf ihre Kosten die schuldige Summe bei Gericht oder bei einer anderen zur Annahme von Depositen ermächtigten Behörde oder Anstalt niederzulegen.

Artikel 26.

Der Remittent sowie jeder Indossatar wird durch den Besitz des mangels Annahme aufgenommenen Protestes ermächtigt, von dem Aussteller und den übrigen Vormännern Sicherheit zu fordern und im Wege des Wechselprozesses darauf zu klagen.

Der Regreßnehmer ist hierbei an die Folgeordnung der Indossamente und die einmal getroffene Wahl nicht gebunden.

Der Beibringung des Wechsels und des Nachweises, daß der Regreßnehmer seinen Nachmännern selbst Sicherheit bestellt habe, bedarf es nicht.

Artikel 27.

Die bestellte Sicherheit haftet nicht bloß dem Regreßnehmer, sondern auch allen übrigen Nachmännern des Bestellers, insofern sie gegen ihn den Regreß auf Sicherstellung nehmen. Dieselben sind weitere Sicherheit zu verlangen nur in dem Falle berechtigt, wenn sie gegen die Art oder Größe der bestellten Sicherheit Einwendungen zu begründen vermögen.

Artikel 28.

Die bestellte Sicherheit muß zurückgegeben werden:

1. sobald die vollständige Annahme des Wechsels nachträglich erfolgt ist;
2. wenn gegen den Regreßpflichtigen, welcher sie bestellt hat, binnen Jahresfrist, vom Verfalltage des Wechsels an gerechnet, auf Zahlung aus dem Wechsel nicht geklagt worden ist;
3. wenn die Zahlung des Wechsels erfolgt oder die Wechselkraft desselben erloschen ist.

2. Wegen Unsicherheit des Akzeptanten.

Artikel 29.

Ist ein Wechsel ganz oder teilweise angenommen worden, so kann in betreff der akzeptierten Summe Sicherheit nur gefordert werden:

1. wenn über das Vermögen des Akzeptanten der Konkurs eröffnet worden ist oder der Akzeptant auch nur seine Zahlungen eingestellt hat;
2. wenn nach Ausstellung des Wechsels eine Exekution in das Vermögen des Akzeptanten fruchtlos ausgefallen ist.

Wenn in diesen Fällen die Sicherheit von dem Akzeptanten nicht geleistet und dieserhalb Protest gegen denselben erhoben wird, auch von den auf dem Wechsel etwa benannten Notadressen die Annahme nach Ausweis des Protestes nicht zu erhalten ist, so kann der Inhaber des Wechsels und jeder Indossatar gegen Auslieferung des Protestes von seinen Vormännern Sicherstellung fordern (Artikel 25 bis 28). Der bloße Besitz des Wechsels vertritt die Stelle einer Vollmacht, in den Nr. 1 und 2 genannten Fällen von dem Akzeptanten Sicherheitsbestellung zu fordern und, wenn solche nicht zu erhalten ist, Protest erheben zu lassen. Der Wechselinhaber ist berechtigt, in den Nr. 1 und 2 genannten Fällen auch von dem Akzeptanten im Wege des Wechselprozesses Sicherheitsbestellung zu fordern.

VII. Erfüllung der Wechselverbindlichkeit.

1. Zahlungstag.

Artikel 30.

Ist in dem Wechsel ein bestimmter Tag als Zahlungstag bezeichnet, so tritt die Verfallzeit an diesem Tage ein. Ist die Zahlungszeit auf die Mitte eines Monats gesetzt worden, so ist der Wechsel am fünfzehnten dieses Monats fällig. Ist die Zahlungszeit auf Anfang oder ist sie auf Ende eines Monats gesetzt worden, so ist darunter der erste oder letzte Tag des Monats zu verstehen.

Artikel 31.

Ein auf Sicht gestellter Wechsel ist bei der Vorzeigung fällig. Ein solcher Wechsel muß bei Verlust des wechselmäßigen Anspruchs gegen die Indossanten und den Aussteller nach Maßgabe der besonderen im Wechsel enthaltenen Bestimmung und in Ermangelung derselben binnen zwei Jahren nach der Ausstellung zur Zahlung präsentiert werden. Hat ein Indossant auf einem Wechsel dieser Art seinem Indossament eine besondere Präsentationsfrist hinzugefügt, so erlischt seine wechselmäßige Verpflichtung, wenn der Wechsel nicht innerhalb dieser Frist präsentiert worden ist.

Artikel 32.

Bei Wechseln, welche mit dem Ablauf einer bestimmten Frist nach Sicht oder nach Dato zahlbar sind, tritt die Verfallzeit ein:

1. wenn die Frist nach Tagen bestimmt ist, an dem letzten Tage der Frist; bei Berechnung der Frist wird der Tag, an welchem der nach Dato zahlbare Wechsel ausgestellt oder der nach Sicht zahlbare zur Annahme präsentiert ist, nicht mitgerechnet;
2. wenn die Frist nach Wochen, Monaten oder einem mehrere Monate umfassenden Zeitraume (Jahr, halbes Jahr, Vierteljahr) bestimmt ist, an demjenigen Tage der Zahlungswoche oder des Zahlungsmonats, der durch seine Benennung oder Zahl dem Tage der Ausstellung oder Präsentation entspricht; fehlt dieser Tag in dem Zahlungsmonate, so tritt die Verfallzeit am letzten Tage des Zahlungsmonats ein.

Der Ausdruck „halber Monat“ wird einem Zeitraume von fünfzehn Tagen gleichgeachtet. Ist der Wechsel auf einen oder mehrere ganze Monate und einen halben Monat gestellt, so sind die fünfzehn Tage zuletzt zu zählen.

Artikel 33.

Respekttage finden nicht statt.

Artikel 34.

Ist in einem Lande, in welchem nach altem Stile gerechnet wird, ein im Inlande zahlbarer Wechsel nach Dato ausgestellt und dabei nicht bemerkt, daß der Wechsel nach neuem Stile datiert sei, oder ist derselbe nach beiden Stilen datiert, so wird der Verfalltag nach demjenigen Kalendertage des neuen Stiles berechnet, welcher dem nach altem Stile sich ergebenden Tage der Ausstellung entspricht.

Artikel 35.

Meß- oder Marktwechsel werden zu der durch die Gesetze des Meß- oder Marktorts bestimmten Zahlungszeit und in Ermangelung einer solchen Festsetzung an dem Tage vor dem gesetzlichen Schlusse der Messe oder des Marktes fällig. Dauert die Messe oder der Markt nur einen Tag, so tritt die Verfallzeit des Wechsels an diesem Tage ein.

2. Zahlung.

Artikel 36.

Der Inhaber eines indossierten Wechsels wird durch eine zusammenhängende, bis auf ihn hinuntergehende Reihe von Indossamenten als Eigentümer des Wechsels legitimiert. Das erste Indossament muß demnach mit dem Namen des Remittenten, jedes folgende Indossament mit dem Namen desjenigen unterzeichnet sein, welchen das unmittelbar vorhergehende Indossament als Indossatar benennt. Wenn auf ein Blanko-Indossament ein weiteres Indossament folgt, so wird angenommen, daß der Aussteller des letzteren den Wechsel durch das Blanko-Indossament erworben hat. Ausgestrichene Indossamente werden bei Prüfung der Legitimation als nicht geschrieben angesehen. Die Echtheit der Indossamente zu prüfen, ist der Zahlende nicht verpflichtet.

Artikel 37.

Lautet ein Wechsel auf eine Münzsorte, welche am Zahlungsorte keinen Umlauf hat, oder auf eine Rechnungswährung, so kann die Wechselsumme nach ihrem Werte zur Verfallzeit in der Landesmünze gezahlt werden, sofern nicht der Aussteller durch den Gebrauch des Wortes „effektiv“ oder eines ähnlichen Zusatzes die Zahlung in der im Wechsel benannten Münzsorte ausdrücklich bestimmt hat.

Artikel 38.

Der Inhaber des Wechsels darf eine ihm angebotene Teilzahlung selbst dann nicht zurückweisen, wenn die Annahme auf den ganzen Betrag der verschriebenen Summe erfolgt ist.

Artikel 39.

Der Wechselschuldner ist nur gegen Aushändigung des quittierten Wechsels zu zahlen verpflichtet. Hat der Wechselschuldner eine Teilzahlung geleistet, so kann er nur verlangen, daß die Zahlung auf dem Wechsel abgeschrieben und ihm Quittung erteilt werde.

Artikel 40.

Wird die Zahlung des Wechsels zur Verfallzeit nicht gefordert, so ist der Akzeptant nach Ablauf der für die Protesterhebung mangels Zahlung bestimmten Frist befugt, die Wechselsumme auf Gefahr und Kosten des Inhabers bei Gericht oder bei einer anderen zur Annahme von Depositen ermächtigten Behörde oder Anstalt niederzulegen. Der Vorladung des Inhabers bedarf es nicht.

VIII. Regreß mangels Zahlung.

Artikel 41.

Zur Ausübung des bei nicht erlangter Zahlung statthaften Regresses gegen den Aussteller und die Indossanten ist erforderlich:

1. daß der Wechsel zur Zahlung präsentiert worden ist und
2. daß sowohl diese Präsentation als die Nichterlangung der Zahlung durch einen rechtzeitig darüber aufgenommenen Protest dargetan wird.

Die Erhebung des Protestes ist am Zahlungstage zulässig, sie muß aber spätestens am zweiten Werktage nach dem Zahlungstage geschehen.

Artikel 42.

Die Aufforderung, keinen Protest erheben zu lassen („ohne Protest", „ohne Kosten" usw.) gilt als Erlaß des Protestes, nicht aber als Erlaß der Pflicht zur rechtzeitigen Präsentation. Der Wechselverpflichtete, von welchem jene Aufforderung ausgeht, muß die Beweislast übernehmen, wenn er die rechtzeitig geschehene Präsentation in Abrede stellt. Gegen die Pflicht zum Ersatze der Protestkosten schützt jene Aufforderung nicht.

Artikel 43.

Domizilierte Wechsel sind dem Domiziliaten oder, wenn ein solcher nicht benannt ist, dem Bezogenen selbst an demjenigen Orte, wohin der Wechsel domiziliert ist, zur Zahlung zu präsentieren und, wenn die Zahlung unterbleibt, dort zu protestieren.

Ein Wechsel, dessen Zahlung am Wohnorte des Bezogenen durch eine andere Person erfolgen soll, ist dieser Person zur Zahlung zu präsentieren und, wenn die Zahlung unterbleibt, gegen sie zu protestieren.

Artikel 44.

Zur Erhaltung des Wechselrechts gegen den Akzeptanten bedarf es weder der Präsentation am Zahlungstage noch der Erhebung eines Protestes.

Artikel 45.

Der Inhaber eines mangels Zahlung protestierten Wechsels ist verpflichtet, seinen unmittelbaren Vormann innerhalb zweier Tage nach dem Tage der Protesterhebung von der Nichtzahlung des Wechsels schriftlich zu benachrichtigen, zu welchem Ende es genügt, wenn das Benachrichtigungsschreiben innerhalb dieser Frist zur Post gegeben ist. Jeder benachrichtigte Vormann muß binnen derselben, vom Tage des empfangenen Berichts zu berechnenden Frist seinen nächsten Vormann in gleicher Weise benachrichtigen. Der Inhaber oder Indossatar, welcher die Benachrichtigung unterläßt oder dieselbe nicht an den unmittelbaren Vormann ergehen läßt, wird hierdurch den sämtlichen oder den übersprungenen Vormännern zum Ersatze des aus der unterlassenen Benachrichtigung entstandenen Schadens verpflichtet. Auch verliert derselbe gegen diese Personen den Anspruch auf Zinsen und Kosten, so daß er nur die Wechselsumme zu fordern berechtigt ist.

Artikel 46.

Kommt es auf den Nachweis der dem Vormanne rechtzeitig gegebenen schriftlichen Benachrichtigung an, so genügt zu diesem Zwecke der durch ein Postattest geführte Beweis, daß ein Brief von dem Beteiligten an den Adressaten an dem angegebenen Tage abgesandt ist, sofern nicht dargetan wird, daß der angekommene Brief einen anderen Inhalt gehabt hat. Auch der Tag des Empfanges der erhaltenen schriftlichen Benachrichtigung kann durch ein Postattest nachgewiesen werden.

Artikel 47.

Hat ein Indossant den Wechsel ohne Hinzufügung einer Ortsbezeichnung weiter begeben, so ist der Vormann desselben von der unterbliebenen Zahlung zu benachrichtigen.

Artikel 48.

Jeder Wechselschuldner hat das Recht, gegen Erstattung der Wechselsumme nebst Zinsen und Kosten die Auslieferung des quittierten Wechsels und des wegen Nichtzahlung erhobenen Protestes von dem Inhaber zu fordern.

Artikel 49.

Der Inhaber eines mangels Zahlung protestierten Wechsels kann die Wechselklage gegen alle Wechselverpflichtete oder auch nur gegen einige oder einen derselben anstellen, ohne dadurch seinen Anspruch gegen die nicht in Anspruch genommenen Verpflichteten zu verlieren. Derselbe ist an die Reihenfolge der Indossamente nicht gebunden.

Artikel 50.

Die Regreßansprüche des Inhabers, welcher den Wechsel mangels Zahlung hat protestieren lassen, beschränken sich auf:

1. die nicht bezahlte Wechselsumme nebst sechs Prozent jährlicher Zinsen vom Verfalltag ab;
2. die Protestkosten und anderen Auslagen;
3. eine Provision von ein Drittel Prozent.

Die vorstehenden Beträge müssen, wenn der Regreßpflichtige an einem anderen Orte als dem Zahlungsorte wohnt, zu demjenigen Kurse gezahlt werden, welchen ein vom Zahlungsort auf den Wohnort des Regreßpflichtigen gezogener Wechsel auf Sicht hat. Besteht am Zahlungsorte kein Kurs auf jenen Wohnort, so wird der Kurs nach demjenigen Platze genommen, welcher dem Wohnorte des Regreßpflichtigen am nächsten liegt. Der Kurs ist auf Verlangen des Regreßpflichtigen durch einen unter öffentlicher Autorität ausgestellten Kurszettel oder durch das Attest eines vereideten Mäklers oder in Ermangelung derselben durch ein Attest zweier Kaufleute zu bescheinigen.

Artikel 51.

Der Indossant, welcher den Wechsel eingelöst oder als Rimesse erhalten hat, ist von einem früheren Indossanten oder von dem Aussteller zu fordern berechtigt:

1. die von ihm gezahlte oder durch Rimesse berichtigte Summe nebst sechs Prozent jährlicher Zinsen vom Tage der Zahlung;
2. die ihm entstandenen Kosten;
3. eine Provision von ein Drittel Prozent.

Die vorstehenden Beträge müssen, wenn der Regreßpflichtige an einem anderen Orte als der Regreßnehmer wohnt, zu demjenigen Kurse gezahlt werden, welchen ein vom Wohnorte des Regreßnehmers auf den Wohnort des Regreßpflichtigen gezogener Wechsel auf Sicht hat. Besteht im Wohnorte des Regreßnehmers kein Kurs auf den Wohnort des Regreßpflichtigen, so wird der Kurs nach demjenigen Platze genommen, welcher dem Wohnorte des Regreßpflichtigen am nächsten liegt. Wegen der Bescheinigung des Kurses kommt die Bestimmung des Artikel 50 zur Anwendung.

Artikel 52.

Durch die Bestimmungen der Artikel 50 und 51 Nr. 1 und 3 wird bei einem Regreß auf einen ausländischen Ort die Berechnung höherer dort zulässiger Sätze nicht ausgeschlossen.

Artikel 53.

Der Regreßnehmer kann über den Betrag seiner Forderung einen Rückwechsel auf den Regreßpflichtigen ziehen. Der Forderung treten in diesem Falle noch die Mäklergebühren für Negozierung des Rückwechsels sowie die etwaigen Stempelgebühren hinzu. Der Rückwechsel muß auf Sicht zahlbar und unmittelbar (a dritura) gestellt werden.

Artikel 54.

Der Regreßpflichtige ist nur gegen Auslieferung des Wechsels, des Protestes und einer quittierten Retourrechnung Zahlung zu leisten verbunden.

Artikel 55.

Jeder Indossant, der einen seiner Nachmänner befriedigt hat, kann sein eigenes und seiner Nachmänner Indossament ausstreichen.

IX. Intervention.

1. Ehrenannahme.

Artikel 56.

Befindet sich auf einem mangels Annahme protestierten Wechsel eine auf den Zahlungsort lautende Notadresse, so muß, ehe Sicherstellung verlangt werden kann, die Annahme von der Notadresse gefordert werden. Unter mehreren Notadressen gebührt derjenigen der Vorzug, durch deren Zahlung die meisten Verpflichteten befreit werden.

Artikel 57.

Die Ehrenannahme von seiten einer nicht auf dem Wechsel als Notadresse benannten Person braucht der Inhaber nicht zuzulassen.

Artikel 58.

Der Ehrenakzeptant muß sich den Protest mangels Annahme gegen Erstattung der Kosten aushändigen und in einem Anhange zu demselben die Ehrenannahme bemerken lassen. Er muß den Honoraten unter Übersendung des Protestes von der geschehenen Intervention benachrichtigen und diese Benachrichtigung mit dem Protest innerhalb zweier Tage nach dem Tage der Protesterhebung zur Post geben. Unterläßt er dies, so haftet er für den durch die Unterlassung entstehenden Schaden.

Artikel 59.

Wenn der Ehrenakzeptant unterlassen hat, in seinem Akzepte zu bemerken, zu wessen Ehren die Annahme geschieht, so wird der Aussteller als Honorat angesehen.

Artikel 60.

Der Ehrenakzeptant wird den sämtlichen Nachmännern des Honoraten durch die Annahme wechselmäßig verpflichtet. Diese Verpflichtung erlischt, wenn dem Ehrenakzeptanten der Wechsel nicht spätestens am dritten Werktage nach dem Zahlungstage zur Zahlung vorgelegt wird.

Artikel 61.

Wenn der Wechsel von einer Notadresse oder einem anderen Intervenienten zu Ehren angenommen wird, so haben der Inhaber und die Nachmänner des Honoraten keinen Regreß auf Sicherstellung. Derselbe kann aber von dem Honoraten und dessen Vormännern geltend gemacht werden.

2. Ehrenzahlung.

Artikel 62.

Befinden sich auf dem von dem Bezogenen nicht eingelösten Wechsel oder der Kopie Notadressen oder ein Ehrenakzept, welche auf den Zahlungsort lauten, so muß der Inhaber den Wechsel spätestens am dritten Werktage nach dem Zahlungstage den sämtlichen Notadressen und dem Ehrenakzeptanten zur Zahlung vorlegen und den Erfolg im Proteste mangels Zahlung oder in einem Anhange zu demselben bemerken lassen. Unterläßt er dies, so verliert er den Regreß gegen den Adressanten oder Honoraten und deren Nachmänner. Weist der Inhaber die von einem anderen Intervenienten angebotene Ehrenzahlung zurück, so verliert er den Regreß gegen die Nachmänner des Honoraten.

Artikel 63.

Dem Ehrenzahler muß der Wechsel und der Protest mangels Zahlung gegen Erstattung der Kosten ausgehändigt werden. Er tritt durch die Ehrenzahlung in die Rechte des Inhabers (Artikel 50 und 52) gegen den Honoraten, dessen Vormänner und den Akzeptanten.

Artikel 64.

Unter mehreren, welche sich zur Ehrenzahlung erbieten, gebührt demjenigen der Vorzug, durch dessen Zahlung die meisten Wechselverpflichteten befreit werden. Ein Intervenient, welcher zahlt, obgleich aus dem Wechsel oder Protest ersichtlich ist, daß ein anderer, dem er hiernach nachstehen müßte, den Wechsel einzulösen bereit war, hat keinen Regreß gegen diejenigen Indossanten, welche durch Leistung der von dem anderen angebotenen Zahlung befreit worden wären.

Artikel 65.

Der Ehrenakzeptant, welcher nicht zur Zahlungsleistung gelangt, weil der Bezogene oder ein anderer Intervenient bezahlt hat, ist berechtigt, von dem Zahlenden eine Provision von ein Drittel Prozent zu verlangen.

X. Vervielfältigung eines Wechsels.

1. Wechselduplikate.

Artikel 66.

Der Aussteller eines gezogenen Wechsels ist verpflichtet, dem Remittenten auf Verlangen mehrere gleichlautende Exemplare des Wechsels zu überliefern. Dieselben müssen im Kontext als Prima, Sekunda, Tertia usw. bezeichnet sein, widrigenfalls jedes Exemplar als ein für sich bestehender Wechsel (Solawechsel) erachtet wird. Auch ein Indossatar kann ein Duplikat des Wechsels verlangen. Er muß sich dieserhalb an seinen unmittelbaren Vormann wenden, welcher wieder an seinen Vormann zurückgehen muß, bis die Anforderung an den Aussteller gelangt. Jeder Indossatar kann von seinem Vormanne verlangen, daß die früheren Indossamente auf dem Duplikate wiederholt werden.

Artikel 67.

Ist von mehreren ausgefertigten Exemplaren das eine bezahlt, so verlieren dadurch die anderen ihre Kraft. Jedoch bleiben aus den übrigen Exemplaren verhaftet:

1. der Indossant, welcher mehrere Exemplare desselben Wechsels an verschiedene Personen indossiert hat, und alle späteren Indossanten, deren Unterschriften sich auf den bei der Zahlung nicht zurückgegebenen Exemplaren befinden, aus ihren Indossamenten;
2. der Akzeptant, welcher mehrere Exemplare desselben Wechsels akzeptiert hat, aus den Akzepten auf den bei der Zahlung nicht zurückgegebenen Exemplaren.

Artikel 68.

Wer eines von mehreren Exemplaren eines Wechsels zur Annahme versandt hat, muß auf den übrigen Exemplaren bemerken, bei wem das von ihm zur Annahme versandte Exemplar anzutreffen ist. Das Unterlassen dieser Bemerkung entzieht jedoch dem Wechsel nicht die Wechselkraft. Der Verwahrer des zum Akzepte versandten Exemplars ist verpflichtet, dasselbe demjenigen auszuliefern, der sich als Indossatar (Artikel 36) oder auf andere Weise zur Empfangnahme legitimiert.

Artikel 69.

Der Inhaber eines Duplikats, auf welchem angegeben ist, bei wem das zum Akzepte versandte Exemplar sich befindet, kann mangels Annahme desselben den Regreß auf Sicherstellung und mangels Zahlung den Regreß auf Zahlung nicht eher nehmen, als bis er durch Protest hat feststellen lassen:

1. daß das zum Akzepte versandte Exemplar ihm vom Verwahrer nicht verabfolgt worden ist und
2. daß auch auf das Duplikat die Annahme oder die Zahlung nicht zu erlangen gewesen.

2. Wechselkopien.

Artikel 70.

Wechselkopien müssen eine Abschrift des Wechsels und der darauf befindlichen Indossamente und Vermerke enthalten und mit der Erklärung „bis hierher Abschrift (Kopie)" oder mit einer ähnlichen Bezeichnung versehen sein. In der Kopie ist zu bemerken, bei wem das zur Annahme versandte Original des Wechsels anzutreffen ist. Das Unterlassen dieses Vermerkes entzieht jedoch der indossierten Kopie nicht ihre wechselmäßige Kraft.

Artikel 71.

Jedes auf einer Kopie befindliche Original-Indossament verpflichtet den Indossanten ebenso, als wenn es auf einem Originalwechsel stünde.

Artikel 72.

Der Verwahrer des Originalwechsels ist verpflichtet, denselben dem Besitzer einer mit einem oder mehreren

Original-Indossamenten versehenen Kopie auszuliefern, sofern sich derselbe als Indossatar oder auf andere Weise zur Empfangnahme legitimiert. Wird der Originalwechsel vom Verwahrer nicht ausgeliefert, so ist der Inhaber der Wechselkopie nur nach Aufnahme des im Artikel 69 Nr. 1 erwähnten Protestes Regreß auf Sicherstellung und nach Eintritt des in der Kopie angegebenen Verfalltags Regreß auf Zahlung gegen diejenigen Indossanten zu nehmen berechtigt, deren Original-Indossamente auf der Kopie befindlich sind.

XI. Abhanden gekommene Wechsel.

Artikel 73.

Der Eigentümer eines abhanden gekommenen Wechsels kann die Amortisation des Wechsels bei dem Gerichte des Zahlungsorts beantragen. Nach Einleitung des Amortisationsverfahrens kann derselbe vom Akzeptanten Zahlung fordern, wenn er bis zur Amortisation des Wechsels Sicherheit bestellt. Ohne eine solche Sicherheitsstellung ist er nur die Deposition der aus dem Akzepte schuldigen Summe bei Gericht oder bei einer anderen zur Annahme von Depositen ermächtigten Behörde oder Anstalt zu fordern berechtigt.

Artikel 74.

Der nach den Bestimmungen des Artikel 36 legitimierte Besitzer eines Wechsels kann nur dann zur Herausgabe desselben angehalten werden, wenn er den Wechsel in bösem Glauben erworben hat oder ihm bei der Erwerbung des Wechsels eine grobe Fahrlässigkeit zur Last fällt.

XII. Falsche Wechsel.

Artikel 75.

Auch wenn die Unterschrift des Ausstellers eines Wechsels falsch oder verfälscht ist, behalten dennoch das echte Akzept und die echten Indossamente die wechselmäßige Wirkung.

Artikel 76.

Aus einem mit einem falschen oder verfälschten Akzept oder Indossamente versehenen Wechsel bleiben sämtliche Indossanten und der Aussteller, deren Unterschriften echt sind, wechselmäßig verpflichtet.

XIII. Wechselverjährung.

Artikel 77.

Der wechselmäßige Anspruch gegen den Akzeptanten verjährt in drei Jahren, vom Verfalltage des Wechsels an gerechnet.

Artikel 78.

Die Regreßansprüche des Inhabers (Artikel 50) gegen den Aussteller und die übrigen Vormänner verjähren:

1. in drei Monaten, wenn der Wechsel in Europa, mit Ausnahme von Island und den Faröern, zahlbar war;
2. in sechs Monaten, wenn der Wechsel in den Küstenländern von Asien und Afrika längs des Mittelländischen und Schwarzen Meeres oder in den dazu gehörigen Inseln dieser Meere zahlbar war;

3. in achtzehn Monaten, wenn der Wechsel in einem anderen außereuropäischen Lande oder in Island oder den Faröern zahlbar war.

Die Verjährung beginnt gegen den Inhaber mit dem Tage des erhobenen Protestes.

Artikel 79.

Die Regreßansprüche des Indossanten (Artikel 51) gegen den Aussteller und die übrigen Vormänner verjähren:

1. in drei Monaten, wenn der Regreßnehmer in Europa, mit Ausnahme von Island und den Faröern, wohnt;
2. in sechs Monaten, wenn der Regreßnehmer in den Küstenländern von Asien und Afrika längs des Mittelländischen und Schwarzen Meeres oder in den dazu gehörigen Inseln dieser Meere wohnt;
3. in achtzehn Monaten, wenn der Regreßnehmer in einem anderen außereuropäischen Lande oder in Island oder den Faröern wohnt.

Gegen den Indossanten läuft die Frist, wenn er, ehe eine Wechselklage gegen ihn angestellt worden, gezahlt hat, vom Tage der Zahlung, in allen übrigen Fällen aber vom Tage der ihm geschehenen Behändigung der Klage oder Ladung.

XIV. Klagerecht des Wechselgläubigers.

Artikel 81*).

Die wechselmäßige Verpflichtung trifft den Aussteller, Akzeptanten und Indossanten des Wechsels so-

*) Der Artikel 80 ist aufgehoben.

wie einen jeden, welcher den Wechsel, die Wechselkopie, das Akzept oder das Indossament mitunterzeichnet hat, selbst dann, wenn er sich dabei nur als Bürge (per aval) benannt hat. Die Verpflichtung dieser Personen erstreckt sich auf alles, was der Wechselinhaber wegen Nichterfüllung der Wechselverbindlichkeit zu fordern hat. Der Wechselinhaber kann sich wegen seiner ganzen Forderung an den einzelnen halten; es steht in seiner Wahl, welchen Wechselverpflichteten er zuerst in Anspruch nehmen will.

Artikel 82.

Der Wechselschuldner kann sich nur solcher Einreden bedienen, welche aus dem Wechselrechte selbst hervorgehen oder ihm unmittelbar gegen den jedesmaligen Kläger zustehen.

Artikel 83.

Ist die wechselmäßige Verbindlichkeit des Ausstellers oder des Akzeptanten durch Verjährung oder dadurch, daß die zur Erhaltung des Wechselrechts gesetzlich vorgeschriebenen Handlungen verabsäumt sind, erloschen, so bleiben dieselben dem Inhaber des Wechsels nur soweit, als sie sich mit dessen Schaden bereichern würden, verpflichtet. Gegen die Indossanten, deren wechselmäßige Verbindlichkeit erloschen ist, findet ein solcher Anspruch nicht statt.

XV. Ausländische Gesetzgebung.

Artikel 84.

Die Fähigkeit eines Ausländers, wechselmäßige Verpflichtungen zu übernehmen, wird nach den Gesetzen des Staates beurteilt, welchem derselbe angehört. Jedoch wird ein nach den Gesetzen seines Vaterlandes nicht wechselfähiger Ausländer durch Übernahme von Wechselverbindlichkeiten im Inlande verpflichtet, insofern er nach den Gesetzen des Inlandes wechselfähig ist.

Artikel 85.

Die wesentlichen Erfordernisse eines im Ausland ausgestellten Wechsels sowie jeder anderen im Ausland ausgestellten Wechselerklärung werden nach den Gesetzen des Ortes beurteilt, an welchem die Erklärung erfolgt ist. Entsprechen jedoch die im Auslande geschehenen Wechselerklärungen den Anforderungen des inländischen Gesetzes, so kann daraus, daß sie nach ausländischen Gesetzen mangelhaft sind, kein Einwand gegen die Rechtsverbindlichkeit der später im Inland auf den Wechsel gesetzten Erklärungen entnommen werden. Ebenso haben Wechselerklärungen, wodurch sich ein Inländer einem anderen Inländer im Auslande verpflichtet, Wechselkraft, wenn sie auch nur den Anforderungen der inländischen Gesetzgebung entsprechen.

Artikel 86.

Über die Form der mit einem Wechsel an einem ausländischen Platze zur Ausübung oder Erhaltung des Wechselrechts vorzunehmenden Handlungen entscheidet das dort geltende Recht.

XVI. Protest.

Artikel 87.

Jeder Protest muß durch einen Notar oder einen Gerichtsbeamten oder einen Postbeamten aufgenommen werden. Der Zuziehung von Zeugen oder eines Protokollführers bedarf es dabei nicht.

Den Postbeamten stehen solche Personen gleich, denen von der Postverwaltung die Aufnahme von Protesten übertragen ist*).

Artikel 88.

In den Protest ist aufzunehmen:

1. der Name oder die Firma der Personen, für welche und gegen welche der Protest erhoben wird;
2. die Angabe, daß die Person, gegen welche protestiert wird, ohne Erfolg zur Vornahme der wechselrechtlichen Leistung aufgefordert worden oder nicht anzutreffen gewesen ist oder daß ihr Geschäftslokal oder ihre Wohnung sich nicht hat ermitteln lassen;
3. die Angabe des Ortes sowie des Kalendertags, Monats und Jahres, an welchem die Aufforderung (Nr. 2) geschehen oder ohne Erfolg versucht worden ist;
4. im Falle einer Ehrenannahme oder einer Ehrenzahlung die Erwähnung, von wem, für wen und wie sie angeboten oder geleistet wird.

Der Protest ist von dem Protestbeamten zu unterzeichnen und mit dem Amtssiegel oder dem Amtsstempel zu versehen.

Artikel 88a.

Der Protest mangels Zahlung ist auf den Wechsel

---

*) Abs. 2 eingefügt durch Gesetz zur Änderung der Wechselordnung vom 18. Dezember 1926 (RGBl. I S. 506).

oder auf ein mit dem Wechsel zu verbindendes Blatt zu setzen.

Der Protest soll unmittelbar hinter den letzten auf der Rückseite des Wechsels befindlichen Vermerk, in Ermangelung eines solchen unmittelbar an einen Rand der Rückseite gesetzt werden.

Wird der Protest auf ein Blatt gesetzt, das mit dem Wechsel verbunden wird, so soll die Verbindungsstelle mit dem Amtssiegel oder dem Amtsstempel versehen werden. Ist dies geschehen, so braucht der Unterschrift des Protestbeamten ein Siegel oder Stempel nicht beigefügt zu werden.

Wird der Protest unter Vorlegung mehrerer Exemplare desselben Wechsels oder unter Vorlegung des Originals und einer Kopie erhoben, so genügt die Beurkundung auf einem der Exemplare oder auf dem Originalwechsel. Auf den anderen Exemplaren oder auf der Kopie ist zu vermerken, daß sich der Protest mangels Zahlung auf dem ersten Exemplar oder auf dem Originalwechsel befindet. Auf den Vermerk finden die Vorschriften des Abs. 2 und des Abs. 3 Satz 1 entsprechende Anwendung. Der Protestbeamte hat den Vermerk zu unterzeichnen.

Artikel 88b.

Bezieht sich der Protest auf eine andere wechselrechtliche Leistung als die Zahlung, so ist er auf eine Abschrift des Wechsels oder der Kopie oder auf ein mit der Abschrift zu verbindendes Blatt zu setzen. Die Abschrift hat auch die auf dem Wechsel oder der Kopie befindlichen Indossamente und anderen Vermerke zu enthalten. Die Vorschriften des Artikel 88a Abs. 2, 3 finden entsprechende Anwendung.

Artikel 89.

Muß eine wechselrechtliche Leistung von mehreren Personen verlangt werden, so ist über die mehrfache Aufforderung nur eine Protesturkunde erforderlich.

Artikel 89a.

Die Wechselzahlung kann an den Protestbeamten erfolgen. Die Befugnis des Protestbeamten zur Annahme der Zahlung kann nicht ausgeschlossen werden.

Artikel 90.

Schreibfehler, Auslassungen und sonstige Mängel der Protesturkunde können bis zur Aushändigung der Urkunde an die Person, für welche der Protest erhoben ist, von dem Protestbeamten berichtigt werden. Die Berichtigung ist als solche unter Beifügung der Unterschrift kenntlich zu machen.

Von dem Protest ist eine beglaubigte Abschrift zurückzubehalten. Über den Inhalt des Wechsels oder der Kopie ist ein Vermerk aufzunehmen. Der Vermerk hat zu enthalten:

1. den Betrag des Wechsels;
2. die Zahlungszeit;
3. den Ort, den Monatstag und das Jahr der Ausstellung;
4. die Namen des Ausstellers, des Remittenten und des Bezogenen;

5. falls eine vom Bezogenen verschiedene Person angegeben ist, durch welche die Zahlung erfolgen soll, den Namen dieser Person sowie die Namen der etwaigen Notadressen und Ehrenakzeptanten.

Die Abschriften und Vermerke sind geordnet aufzubewahren.

XVII. Ort und Zeit für die Präsentation und andere im Wechselverkehre vorkommende Handlungen.

Artikel 91.

Die Präsentation zur Annahme oder Zahlung, die Protesterhebung, die Abforderung eines Wechselduplikats sowie alle sonstigen bei einer bestimmten Person vorzunehmenden Akte müssen in deren Geschäftslokal und in Ermangelung eines solchen in deren Wohnung vorgenommen werden. An einer anderen Stelle, z. B. an der Börse, kann dies nur mit beiderseitigem Einverständnisse geschehen.

Ist in dem Proteste vermerkt, daß sich das Geschäftslokal oder die Wohnung nicht hat ermitteln lassen, so ist der Protest nicht deshalb ungültig, weil die Ermittelung möglich war.

Die Verantwortlichkeit des Protestbeamten, der es unterläßt, geeignete Ermittelungen anzustellen, wird durch die Vorschrift des Abs. 2 nicht berührt. Ist eine Nachfrage bei der Polizeibehörde des Ortes ohne Erfolg geblieben, so ist der Protestbeamte zu weiteren Nachforschungen nicht verpflichtet.

Artikel 91a.

Eine in dem Geschäftslokale oder in der Wohnung eines Beteiligten vorgenommene Handlung ist auch dann gültig, wenn an Stelle des Ortes, in welchem das Geschäftslokal oder die Wohnung liegt, ein benachbarter Ort in dem Wechsel angegeben ist. Mit beiderseitigem Einverständnisse können auch in anderen Fällen die bei einem Beteiligten vorzunehmenden Handlungen an einem Orte erfolgen, der dem im Wechsel angegebenen Orte benachbart ist.

Welche Orte im Sinne dieser Vorschriften als benachbarte anzusehen sind, bestimmt der Bundesrat; die Bestimmung ist im Reichs-Gesetzblatte bekanntzumachen.

Artikel 92.

Verfällt der Wechsel an einem Sonntag oder allgemeinen Feiertage, so ist der nächste Werktag der Zahlungstag. Auch die Herausgabe eines Wechselduplikats, die Erklärung über die Annahme sowie jede andere Handlung können nur an einem Werktage gefordert werden. Fällt der Zeitpunkt, in welchem die Vornahme einer der vorstehenden Handlungen spätestens gefordert werden mußte, auf einen Sonntag oder allgemeinen Feiertag, so muß diese Handlung am nächsten Werktage gefordert werden. Dieselbe Bestimmung findet auch auf die Protesterhebung Anwendung.

Die Proteste sollen nur in der Zeit von 9 Uhr vormittags bis 6 Uhr abends erhoben werden. Außerhalb dieser Zeit soll die Protesterhebung nur erfolgen, wenn die Person, gegen welche protestiert wird, ausdrücklich einwilligt.

Artikel 93.

Bestehen an einem Wechselplatz allgemeine Zahltage (Kassiertage), so braucht die Zahlung eines zwischen den Zahltagen fällig gewordenen Wechsels erst am nächsten Zahltage geleistet zu werden, sofern nicht der Wechsel auf Sicht lautet. Die im Artikel 41 für die Aufnahme des Protestes mangels Zahlung bestimmte Frist darf jedoch nicht überschritten werden.

XVIII. Mangelhafte Unterschriften.

Artikel 94.

Wechselerklärungen, welche statt des Namens mit Kreuzen oder anderen Zeichen vollzogen sind, haben nur dann, wenn diese Zeichen gerichtlich oder notariell beglaubigt worden, Wechselkraft.

Artikel 95.

Wer eine Wechselerklärung als Bevollmächtigter eines anderen unterzeichnet, ohne dazu Vollmacht zu haben, haftet persönlich in gleicher Weise, wie der angebliche Machtgeber gehaftet haben würde, wenn die Vollmacht erteilt gewesen wäre. Dasselbe gilt von Vormündern und anderen Vertretern, welche mit Überschreitung ihrer Befugnisse Wechselerklärungen ausstellen.

Dritter Abschnitt.

Von eigenen Wechseln.

Artikel 96.

Die wesentlichen Erfordernisse eines eigenen (trockenen) Wechsels sind:

1. die in den Wechsel selbst aufzunehmende Bezeichnung als Wechsel oder, wenn der Wechsel in einer fremden Sprache ausgestellt ist, ein jener Bezeichnung entsprechender Ausdruck in der fremden Sprache;
2. die Angabe der zu zahlenden Geldsumme;
3. der Name der Person oder die Firma, an welche oder an deren Order der Aussteller Zahlung leisten will;
4. die Bestimmung der Zeit, zu welcher gezahlt werden soll (Artikel 4 Nr. 4);
5. die Unterschrift des Ausstellers mit seinem Namen oder seiner Firma;
6. die Angabe des Ortes, Monatstags und Jahres der Ausstellung.

Artikel 97.

Der Ort der Ausstellung gilt für den eigenen Wechsel, insofern nicht ein besonderer Zahlungsort angegeben ist, als Zahlungsort und zugleich als Wohnort des Ausstellers.

Artikel 98.

Nachstehende, in diesem Gesetze für gezogene Wechsel gegebene Vorschriften gelten auch für eigene Wechsel:

1. die Artikel 5 und 7 über die Form des Wechsels;
2. die Artikel 9 bis 17 über das Indossament;
3. die Artikel 19 und 20 über die Präsentation der Wechsel auf eine Zeit nach Sicht mit der Maßgabe, daß die Präsentation dem Aussteller geschehen muß;

4. der Artikel 29 über den Sicherheitsregreß mit der Maßgabe, daß derselbe im Falle der Unsicherheit des Ausstellers stattfindet;
5. die Artikel 30 bis 40 über die Zahlung und die Befugnis zur Deposition des fälligen Wechselbetrags mit der Maßgabe, daß letztere durch den Aussteller geschehen kann;
6. die Artikel 41 und 42 sowie die Artikel 45 bis 55 über den Regreß mangels Zahlung gegen die Indossanten;
7. die Artikel 62 bis 65 über die Ehrenzahlung;
8. die Artikel 70 bis 72 über die Kopien;
9. die Artikel 73 bis 76 über abhanden gekommene und falsche Wechsel mit der Maßgabe, daß im Falle des Artikel 73 die Zahlung durch den Aussteller erfolgen muß;
10. die Artikel 78 bis 95 über die allgemeinen Grundsätze der Wechselverjährung, die Verjährung der Regreßansprüche gegen die Indossanten, das Klagerecht des Wechselgläubigers, die ausländischen Wechselgesetze, den Protest, den Ort und die Zeit für die Präsentation und andere im Wechselverkehre vorkommende Handlungen sowie über mangelhafte Unterschriften.

Artikel 99.

Eigene domizilierte Wechsel sind dem Domiziliaten oder, wenn ein solcher nicht benannt ist, dem Aussteller selbst an demjenigen Orte, wohin der Wechsel domiziliert ist, zur Zahlung zu präsentieren und, wenn die Zahlung unterbleibt, dort zu protestieren.

Ein eigener Wechsel, dessen Zahlung am Wohnorte des Ausstellers durch eine andere Person erfolgen soll, ist dieser Person zur Zahlung zu präsentieren und, wenn die Zahlung unterbleibt, gegen sie zu protestieren.

Bei eigenen Wechseln bedarf es zur Erhaltung des Wechselrechts gegen den Aussteller weder der Präsentation am Zahlungstage, noch der Erhebung eines Protestes.

Artikel 100.

Der wechselmäßige Anspruch gegen den Aussteller eines eigenen Wechsels verjährt in drei Jahren, vom Verfalltage des Wechsels an gerechnet.

Anhang.

1. Der Wechselprozeß *).

Auszug aus der Zivilprozeßordnung.

Vom 30. Januar 1877, abgeändert durch das Gesetz vom 17. Mai 1898 in der Fassung der Bekanntmachung vom 13. Mai 1924.

§ 4 Abs. 2. Bei Ansprüchen aus Wechseln im Sinne der Wechselordnung sind Zinsen, Kosten und Provision, welche außer der Wechselsumme gefordert werden, als Nebenforderungen anzusehen.

§ 110. Ausländer, welche als Kläger auftreten, haben dem Beklagten auf dessen Verlangen wegen der Prozeßkosten Sicherheit zu leisten.

Diese Verpflichtung tritt nicht ein:

— — — — — — — — — — — — — — — — —

2. im Urkunden- oder Wechselprozesse.

— — — — — — — — — — — — — — — — —

§ 538. Das Berufungsgericht hat die Sache, insofern eine weitere Verhandlung derselben erforderlich

*) Der Wechsel ist, in welcher Prozeßart er auch geltend gemacht wird, nach den materiellen Vorschriften des Wechselrechts zu beurteilen. Die Geltendmachung im ordentlichen Prozeß entbindet den Kläger von keiner der nach der Strenge des Wechselrechts erforderlichen Voraussetzungen (RGZ. 20, 403).

ist, an das Gericht erster Instanz zurückzuverweisen:

— — — — — — — — — — — — — — — — —

4. wenn das angefochtene Urteil im Urkunden- oder Wechselprozeß unter Vorbehalt der Rechte erlassen ist;

— — — — — — — — — — — — — — — — —

Fünftes Buch.

Urkunden- und Wechselprozeß.

§ 592. Ein Anspruch, welcher die Zahlung einer bestimmten Geldsumme oder die Leistung einer bestimmten Quantität anderer vertretbarer Sachen oder Wertpapiere zum Gegenstande hat, kann im Urkundenprozeß geltend gemacht werden, wenn die sämtlichen zur Begründung des Anspruchs erforderlichen Tatsachen durch Urkunden bewiesen werden können. Als ein Anspruch, welcher die Zahlung einer Geldsumme zum Gegenstande hat, gilt auch der Anspruch aus einer Hypothek, einer Grundschuld oder einer Rentenschuld.

§ 593. Die Klage muß die Erklärung enthalten, daß im Urkundenprozeß geklagt werde.

Die Urkunden müssen in Urschrift oder in Abschrift der Klage oder einem vorbereitenden Schriftsatze beigefügt werden. Im letzteren Falle muß zwischen der Zustellung des Schriftsatzes und dem Termin zur mündlichen Verhandlung ein der Einlassungsfrist gleicher Zeitraum liegen.

§ 594 gestrichen.

§ 595. Widerklagen sind nicht statthaft.

Als Beweismittel sind bezüglich der Echtheit oder Unechtheit einer Urkunde sowie bezüglich anderer als der im § 592 erwähnten Tatsachen nur Urkunden und Eideszuschiebung zulässig.

Die Antretung des Urkundenbeweises kann nur durch Vorlegung der Urkunden erfolgen.

Die Leistung eines Eides ist durch Beweisbeschluß anzuordnen.

§ 596. Der Kläger kann, ohne daß es der Einwilligung des Beklagten bedarf, bis zum Schlusse der mündlichen Verhandlung von dem Urkundenprozesse in der Weise abstehen, daß der Rechtsstreit im ordentlichen Verfahren anhängig bleibt.

§ 597. Insoweit der in der Klage geltend gemachte Anspruch an sich oder infolge einer Einrede des Beklagten als unbegründet sich darstellt, ist der Kläger mit dem Anspruch abzuweisen.

Ist der Urkundenprozeß unstatthaft, ist insbesondere ein dem Kläger obliegender Beweis nicht mit den im Urkundenprozeß zulässigen Beweismitteln angetreten oder mit solchen Beweismitteln nicht vollständig geführt, so wird die Klage als in der gewählten Prozeßart unstatthaft abgewiesen, selbst wenn in dem Termin zur mündlichen Verhandlung der Beklagte nicht erschienen ist oder der Klage nur auf Grund von Einwendungen widersprochen hat, welche rechtlich unbegründet oder im Urkundenprozeß unstatthaft sind.

§ 598. Einwendungen des Beklagten sind, wenn der dem Beklagten obliegende Beweis derselben nicht mit den im Urkundenprozeß zulässigen Beweismitteln angetreten oder mit solchen Beweismitteln nicht vollständig geführt ist, als im Urkundenprozesse unstatthaft zurückzuweisen.

§ 599. Dem Beklagten, welcher dem geltend gemachten Anspruche widersprochen hat, ist in allen Fällen, in denen er verurteilt wird, die Ausführung seiner Rechte vorzubehalten.

Enthält das Urteil keinen Vorbehalt, so kann die Ergänzung des Urteils nach Vorschrift des § 321 beantragt werden.

Das Urteil, welches unter Vorbehalt der Rechte ergeht, ist in betreff der Rechtsmittel und der Zwangsvollstreckung als Endurteil anzusehen.

§ 600. Wird dem Beklagten die Ausführung seiner Rechte vorbehalten, so bleibt der Rechtsstreit im ordentlichen Verfahren anhängig.

Soweit sich in diesem Verfahren ergibt, daß der Anspruch des Klägers unbegründet war, finden die Vorschriften des § 302 Abs. 4 Satz 2 bis 4 Anwendung.

Erscheint in diesem Verfahren eine Partei nicht, so finden die Vorschriften über das Versäumnisurteil entsprechende Anwendung.

§ 601 gestrichen.

§ 602. Werden im Urkundenprozesse Ansprüche aus Wechseln im Sinne der Wechselordnung geltend gemacht (Wechselprozeß), so kommen die nachfolgenden besonderen Vorschriften zur Anwendung.

§ 603. Wechselklagen können sowohl bei dem Gerichte des Zahlungsorts, als bei dem Gericht angestellt werden, bei welchem der Beklagte seinen allgemeinen Gerichtsstand hat.

Wenn mehrere Wechselverpflichtete gemeinschaftlich verklagt werden, so ist außer dem Gerichte des Zahlungsorts jedes Gericht zuständig, bei welchem einer der Beklagten seinen allgemeinen Gerichtsstand hat.

§ 604. Die Klage muß die Erklärung enthalten, daß im Wechselprozeß geklagt werde.

Die Einlassungsfrist beträgt mindestens vierundzwanzig Stunden, wenn die Klage an dem Orte, der Sitz des Prozeßgerichts ist, zugestellt wird; mindestens drei Tage, wenn die Klage an einem anderen Orte zugestellt wird, der im Bezirke des Prozeßgerichts oder, falls dieses ein Amtsgericht ist, im Bezirke des dem Amtsgericht übergeordneten Landgerichts liegt, oder von dem ein Teil zu diesem Bezirke gehört; mindestens eine Woche, wenn die Klage sonst im Inland zugestellt wird. Das gleiche gilt von der Ladungsfrist, soweit sie nicht nach den allgemeinen Bestimmungen kürzer als die im ersten Satze festgesetzte Einlassungsfrist ist.

In den höheren Instanzen beträgt die Einlassungs- und Ladungsfrist mindestens vierundzwanzig Stunden, wenn die Zustellung der Berufungs- oder Revisionsschrift oder der Ladung an dem Orte erfolgt, der Sitz des höheren Gerichts ist; mindestens drei Tage, wenn die Zustellung an einem anderen Orte erfolgt, der ganz oder zum Teil in dem Landgerichtsbezirke liegt, in welchem das höhere Gericht seinen Sitz hat; mindestens eine Woche, wenn die Zustellung sonst im Inland erfolgt.

§ 605. Soweit es zur Erhaltung des wechselmäßigen Anspruchs der rechtzeitigen Protesterhebung nicht bedarf, ist als Beweismittel bezüglich der Präsentation des Wechsels Eideszuschiebung zulässig.

Zur Berücksichtigung einer Nebenforderung genügt, daß sie glaubhaft gemacht ist.

— — — — — — — — — — — — — — — — —

§ 708. Auch ohne Antrag sind für vorläufig vollstreckbar zu erklären:

1. Urteile, welche im Urkunden- oder Wechselprozeß erlassen werden.

— — — — — — — — — — — — — — — — —

2. Auszug aus dem Gerichtsverfassungsgesetz.

Vom 27. Januar 1877
in der Fassung der Bekanntmachung vom 22. März 1924.

§ 95. Handelssachen im Sinne dieses Gesetzes sind die bürgerlichen Rechtsstreitigkeiten, in welchen durch die Klage ein Anspruch geltend gemacht wird:

— — — — — — — — — — — — — — — — —

2. aus einem Wechsel im Sinne der Wechselordnung .....

§ 200. Während der Ferien werden nur in Feriensachen Termine abgehalten und Entscheidungen erlassen.

Feriensachen sind:

— — — — — — — — — — — — — — — — —

7. Wechselsachen.

— — — — — — — — — — — — — — — — —

3. Auszug aus der Bekanntmachung zur Entlastung der Gerichte.

Vom 9. September 1915 in der Fassung der Bekanntmachung vom 13. Mai 1924 (RGBl. I 552).

Mahnverfahren vor den Amtsgerichten.

§ 3. Der Zahlungsbefehl wird als Urkunden- oder als Wechsel-Zahlungsbefehl bezeichnet:

1. wenn das Gesuch des Gläubigers auf den Erlaß eines Urkunden- oder eines Wechsel-Zahlungsbefehls gerichtet ist.

§ 4. Für das Urkunden- und Wechsel-Mahnverfahren gelten folgende besondere Vorschriften:

1. Die Bezeichnung als Urkunden- oder als Wechsel-Zahlungsbefehl hat die Wirkung, daß die Streitsache, wenn rechtzeitig Widerspruch erhoben wird, als im Urkunden- oder im Wechselprozesse rechtshängig geworden anzusehen ist.
2. Die Urkunden sollen in Urschrift oder in Abschrift dem Gesuch um Erlaß des Zahlungsbefehls (§ 3 Nr. 1) oder der Klage (§ 3 Nr. 2) beigefügt und in Abschrift mit dem Zahlungsbefehle zugestellt werden.
3. Bei Erlaß des Zahlungsbefehls und des Vollstreckungsbefehls bedarf die Statthaftigkeit der gewählten Prozeßart keiner Prüfung.
4. Beschränkt sich der Widerspruch auf den Antrag, dem Beklagten die Ausführung seiner Rechte vorzubehalten, so ist der Vollstreckungsbefehl unter diesem Vorbehalte zu erlassen. Auf das weitere

Verfahren findet die Vorschrift des § 600 der Zivilprozeßordnung entsprechende Anwendung.

5. Die Ladungsfrist beträgt mindestens drei Tage; soweit die Einlassungsfrist kürzer ist, entspricht sie dieser.

4. Auszug aus dem Gesetz, betr. die Erleichterung des Wechselprotestes.

Vom 30. Mai 1908 (RGBl. 321).

§ 3. Unter Zustimmung des Bundesrats kann der Reichskanzler anordnen, daß die Postverwaltung für bestimmte Fälle, insbesondere mit Rücksicht auf die Art des Protestes oder die Höhe der Wechselsumme, die Protesterhebung nicht übernimmt.

Die näheren Bestimmungen über die Benutzung der Postanstalten zur Aufnahme von Wechselprotesten erläßt der Reichskanzler. Für den inneren Verkehr der Königreiche Bayern und Württemberg werden diese Bestimmungen von den zuständigen Behörden dieser Staaten erlassen.

§ 4. Die Postverwaltung haftet dem Auftraggeber für die ordnungsmäßige Ausführung des Protestauftrags nach den allgemeinen Vorschriften des bürgerlichen Rechtes über die Haftung eines Schuldners für die Erfüllung seiner Verbindlichkeit. Sie haftet nicht über den Betrag des wechselmäßigen Regreßanspruchs hinaus.

Der Anspruch gegen die Postverwaltung verjährt in drei Jahren. Die Verjährung beginnt mit den Zeitpunkt, in welchem der Protestauftrag bei der Postanstalt eingeht, von welcher der Auftrag auszuführen ist.

5. Bekanntmachung, betr. die Erhebung von Wechsel- und Scheckprotesten durch Postbeamte.

Vom 5. August 1908 (RGBl. S. 482).

Mit dem Inkrafttreten des Gesetzes, betr. die Erleichterung des Wechselprotestes, vom 30. Mai 1908 (RGBl. S. 321 ff.) und gemäß § 30 des Scheckgesetzes vom 11. März 1908 (RGBl. S. 71 ff.) sind auch die Postbeamten zur Aufnahme von Wechsel- und Scheckprotesten berufen.

Auf Grund des § 3 des erstgenannten Gesetzes wird unter Zustimmung des Bundesrats angeordnet, daß vom 1. Oktober 1908 ab die Postverwaltung die Erhebung von Wechsel- und Scheckprotesten mit folgenden Beschränkungen übernimmt:

1. Proteste, die sich auf eine andere wechselrechtliche Leistung als die Zahlung beziehen, werden nicht erhoben.
2. Die Erhebung von Protesten mangels Zahlung bleibt ausgeschlossen
   a) für Wechsel und Schecks, die über mehr als 800 Mark lauten,
   b) für Wechsel und Schecks, die in fremder Sprache ausgestellt sind,
   c) für Wechsel und Schecks, die auf eine ausländische Münzsorte lauten, sofern der Aussteller durch den Gebrauch des Wortes „effektiv" oder eines ähnlichen Zusatzes die Zahlung in der im Wechsel benannten Münzsorte ausdrücklich bestimmt hat,

d) für Wechsel, die mit Notadresse oder Ehrenakzept versehen sind,

e) für Wechsel, die unter Vorlegung mehrerer Exemplare desselben Wechsels oder unter Vorlegung des Originals und einer Kopie zu protestieren sind.

Berlin, den 5. August 1908.

Der Reichskanzler.

In Vertretung:

Kraetke.

6. Postordnung.

Vom 22. Dezember 1921 (RGBl. S. 1609) mit Änderungsverordnung vom 20. Juni 1925 (RPBl. 327).

Postaufträge.

§ 18. 1. Die Post kann beauftragt werden,

1. Beträge bis 1000 RMk. einschließlich einzuziehen (Postaufträge zur Geldeinziehung);
2. Wechsel zur Annahmeerklärung vorzuzeigen (Postaufträge zur Annahmeeinholung);
3. Wechsel zur Zahlung vorzuzeigen und, wenn die Zahlung unterbleibt, Protest mangels Zahlung nach den Vorschriften der Wechselordnung zu erheben (Postprotestaufträge).

Ausgeschlossen von der Protesterhebung durch die Post sind:

Wechsel über mehr als 1000 RMk.,

Wechsel in fremder Sprache,

Wechsel, die auf eine ausländische Münzsorte lauten, wenn der Aussteller durch das Wort „effektiv" oder einen ähnlichen Zusatz die Zahlung in der benannten Münzsorte ausdrücklich bestimmt hat,

Wechsel mit Notanschrift (Notadresse) oder Ehrenannahme,

Wechsel, die unter Vorlegung mehrerer Stücke desselben Wechsels oder unter Vorlegung der Urschrift und einer Abschrift zu protestieren sind.

II. Es ist beizufügen:

1. dem Postauftrage zur Geldeinziehung das einzulösende Papier (quittierte Rechnung, quittierter Wechsel, Zinsschein usw.). Mehrere Papiere — bis zu 10 — dürfen beigefügt werden, wenn sie demselben Zahlungspflichtigen gleichzeitig zur Einlösung vorzuzeigen sind und die einzuziehende Gesamtsumme 1000 RMk. nicht übersteigt;
2. dem Postauftrag zur Annahmeeinholung der zur Annahme vorzuzeigende Wechsel. Mehrere Wechsel dürfen beigefügt werden, wenn sie derselben Person gleichzeitig zur Annahmeerklärung vorzuzeigen sind;
3. dem Postprotestauftrag der quittierte Wechsel; mehrere Wechsel beizufügen, ist nicht gestattet.

III. Der Postauftrag ist auf besonderem Vordruck, der Postauftragskarte, zu erteilen. Es gibt Postauftragskarten

1. a) für Postaufträge zur Geldeinziehung mit anhängender Postanweisung,

b) für Postaufträge zur Geldeinziehung mit anhängender Zahlkarte;

2. für Postaufträge zur Annahmeeinholung;

3. a) für Postprotestaufträge mit anhängender Postanweisung,

b) für Postprotestaufträge mit anhängender Zahlkarte.

Nicht von der Post bezogene Vordrucke müssen in Größe, Farbe und Papierstärke sowie im Aufdruck mit den amtlichen genau übereinstimmen.

IV. Der Auftraggeber hat auf der Vorderseite der Postauftragskarte anzugeben:

1. bei Postaufträgen zur Geldeinziehung Namen und Wohnort der Person, die zahlen soll, den einzuziehenden Betrag, die Zahl der Anlagen und den eigenen Namen und Wohnort. Er kann auch den Tag angeben, an dem der Betrag eingezogen werden soll. Dieser Tag ist dann für die Vorzeigung maßgebend. Beantragt der Auftraggeber die Überweisung auf das Postscheckkonto eines Dritten, so hat er am Fuße der Vorderseite der Postauftragskarte „Zahlkarte P. Sch. A. (Ort) . . . . Konto-Nr. . . . . N. . . . . in M. . . . .“ und auf dem Abschnitt der Zahlkarte seinen Namen zu vermerken;

2. bei Postaufträgen zur Annahmeeinholung Namen und Wohnort der Person, die die Annahmeerklärung abgeben soll, den Betrag der vorzuzeigenden Wechsel und den eigenen Namen und Wohnort. Er kann auch den Fälligkeitstag des Wechsels und die Wechselnummer angeben;

3. bei Postprotestaufträgen Namen und Wohnort der Person, die zahlen soll, die Wechselsumme, den Tag, an dem nach dem Inhalt des Wechsels zu zahlen ist, bei Wechseln, die auf Sicht lauten, den Tag, an dem der Wechsel vorgezeigt werden soll, ferner den eigenen Namen und Wohnort. Stimmen die Angaben in der Postauftragskarte über die Wechselsumme und den Zahlungstag mit denen des Wechsels nicht überein, so ist der Wechsel maßgebend. Ist auf dem Wechsel eine Teilzahlung vermerkt, so ist in die Postauftragskarte nur der noch nicht bezahlte Rest einzutragen. Ist ein auf Sicht lautender Wechsel bereits vor Erteilung des Postauftrages zur Zahlung vorgezeigt worden, so hat der Auftraggeber auf der Rückseite der Postauftragskarte zu vermerken „Der Wechsel ist vorgezeigt worden am .... (Tag der Vorzeigung)."

Die Karten können ganz oder teilweise durch Druck, mit der Schreibmaschine usw. ausgefüllt werden. Der einzuziehende Betrag (Wechselsumme usw.) ist stets in Reichswährung anzugeben und die Marksumme in Buchstaben zu wiederholen.

Der Auftraggeber hat die der Postauftragskarte anhängende Postanweisung oder Zahlkarte auszufüllen; als Betrag ist der einzuziehende Betrag nach Abzug der Postanweisungs- oder Zahlkartengebühr einzutragen. Der Auftraggeber ist dafür verantwortlich, daß auf der anhängenden Postanweisung oder Zahlkarte der Empfangsberechtigte richtig bezeichnet ist.

V. Der Auftraggeber kann bei Postaufträgen zur Geldeinziehung oder zur Annahmeeinholung auf der

Rückseite der Karte bestimmen, daß sie nach der ersten vergeblichen Vorzeigung oder dem ersten vergeblichen Versuch an ihn zurück- oder an eine andere Person innerhalb des Deutschen Reichs weitergesandt werden. Diesem Zwecke dienen die Vermerke „Sofort zurück“ oder „Sofort an N. in N.“ unter genauer Bezeichnung eines anderen Empfängers. Wünscht der Auftraggeber die Weitersendung an eine zur Aufnahme des Wechselprotestes befugte Person, so genügt der Vermerk „Sofort zum Protest“ ohne Namensangabe.

VI. Die Postauftragskarte bleibt bei Einziehung des Betrags oder bei Annahme des Wechsels oder bei postseitiger Protestierung im Gewahrsam der Post; sie darf nur zu den nach IV und V zulässigen Angaben benutzt werden; Briefe dürfen nicht beigefügt werden.

VII. Der Postauftrag ist in einem verschlossenen Umschlag mit der Aufschrift „Postauftrag nach ...... (Name der Bestimmungs-Postanstalt)“ einzuliefern. Über die Unzulässigkeit des Vermerks „Postlagernd“ s. § 40. Als Bestimmungs-Postanstalt ist zu nennen

1. bei Postaufträgen zur Geldeinziehung und zur Annahmeeinholung die Postanstalt, die den Geldbetrag einziehen oder die Annahmeerklärung einholen soll;
2. bei Postprotestaufträgen die Postanstalt, zu deren Bezirk der im Wechsel angegebene Zahlungsort gehört, auch wenn die Person, die zahlen soll, nicht an dem im Wechsel angegebenen Zahlungsorte wohnt, z. B. nach Ausstellung des Wechsels verzogen ist.

Soll der Postauftrag an einem bestimmten Tage

vorgezeigt werden, so darf er nicht früher als 7 Tage vorher eingeliefert werden. Mehrere Postaufträge dürfen nicht zu einer Sendung vereinigt werden.

VIII. Die Einlieferung wird bescheinigt.

IX. Die Bestimmungs-Postanstalt läßt den Postauftrag dem Berechtigten vorzeigen, um den Geldbetrag gegen Aushändigung der quittierten Anlagen einzuziehen oder die schriftliche Annahmeerklärung des Berechtigten auf dem Wechsel zu erwirken. Bei Postaufträgen zur Geldeinziehung über mehr als 1000 Mk. nach dem Landbestellbezirke tritt an die Stelle der Vorzeigung des Postauftrags eine schriftliche Benachrichtigung des Berechtigten (Benachrichtigungszettel), daß der Postauftrag bei der Postanstalt unmittelbar einzulösen sei; über die Zulässigkeit der Vorzeigung von Postaufträgen über höhere Beträge s. § 36, III. Als berechtigt, einen Postauftrag einzulösen oder den Benachrichtigungszettel in Empfang zu nehmen, gelten die im § 38, I bis V bezeichneten Personen. Postaufträge zur Annahmeeinholung sind nur der in der Postauftragskarte genannten Person oder ihrem Bevollmächtigten vorzuzeigen. Wenn nicht bei der Post eine besondere Vollmacht für die Annahme von Wechseln niedergelegt ist, gilt jeder als bevollmächtigt, der berechtigt ist, für die in der Postauftragskarte bezeichnete Person Wertsendungen von über 2000 Mk. in Empfang zu nehmen (§ 38, VII).

Dem Antrag eines Wechselausstellers, einen von ihm übersandten Betrag zur Deckung eines für den Bezogenen vorliegenden Postprotestauftrags zu verwenden, kann unter der Bedingung entsprochen werden, daß der Wechsel dem Bezogenen auszuhändigen ist. Verlangt der Wechselaussteller, daß der Wechsel an ihn ausgehändigt werde, so ist einem solchen Verlangen nur dann zu entsprechen, wenn der Bezogene nach Verständigung vom Sachverhalte sein schriftliches Einverständnis damit auf der Rückseite des Postauftragsvordrucks abgibt.

An Sonntagen und allgemeinen Feiertagen werden keine Postaufträge vorgezeigt.

X. Der eingezogene Betrag wird dem Auftraggeber nach Abzug der Postanweisungsgebühr durch Postanweisung (§ 20) übermittelt oder nach Abzug der Zahlkartengebühr auf das in der Zahlkarte angegebene Postscheckkonto überwiesen. Bei Beträgen von mehr als 2000 Mk. wird nur eine Postanweisung über den Gesamtbetrag ausgefertigt. Der angenommene Wechsel wird an den Auftraggeber ohne Verzug eingeschrieben zurückgesandt.

XI. Wird der Postauftrag nicht eingelöst, die Annahmeerklärung nicht erteilt oder bleibt der Versuch, den Postauftrag vorzuzeigen, erfolglos, so wird folgendermaßen verfahren:

1. Ist bei Postaufträgen zur Geldeinziehung und zur Annahmeeinholung der Berechtigte, der zahlen oder die Annahmeerklärung abgeben soll, nicht zu ermitteln oder verweigert er die Einlösung des Postauftrags oder die Abgabe der Annahmeerklärung, so wird der Postauftrag sofort zurückgesandt.

   Auf Verlangen wird dem Berechtigten eine siebentägige Frist gewährt, die vom Tage nach der ersten Vorzeigung oder nach dem ersten Vorzeigeversuch an rechnet. Wird der Postauftrag bis zum letzten Tage der Frist nicht eingelöst oder die Annahmeerklärung nicht abgegeben, so wird der Auftrag an diesem Tage nochmals vorgezeigt und, wenn die Einlösung oder die Annahmeerklärung verweigert wird, sofort zurückgesandt. Bleibt die Vorzeigung oder der Versuch aus einem anderen Grunde erfolglos, so wird der Postauftrag noch bis zum Schlusse der Postschalterstunden bei der Post zur Einlösung oder Annahmeerklärung bereitgehalten. Bei Postaufträgen zur Geldeinziehung nach dem Landbestellbezirke, bei denen nur ein Benachrichtigungszettel zugestellt worden ist, findet keine nochmalige Benachrichtigung des Berechtigten (IX) statt.

Die Einlösungsfrist ist ausgeschlossen, wenn auf dem Postauftrage „Sofort zurück“ oder „Sofort an N. in N.“ oder „Sofort zum Protest“ vermerkt ist. Solche Postaufträge hält die Post am Tage der ersten vergeblichen Vorzeigung oder des ersten Versuchs noch bis zum Schlusse der Postschalterstunden zur Einlösung der Annahmeerklärung bereit, schickt sie dagegen sofort zurück oder weiter, wenn der auf der Postauftragskarte angegebene Tag (IV) bereits verstrichen ist. Mit der Aushändigung des Postauftrags und seiner Anlagen an den Gerichtsvollzieher, Notar usw. oder den zweiten Empfänger ist die Aufgabe der Post erfüllt. Die Protestkosten hat der Auftraggeber unmittelbar an den Erheber des Protestes zu entrichten.

Teilzahlungen werden bei Postaufträgen zur Geldeinziehung nicht angenommen.

Die Annahme eines Wechsels gilt als verweigert, wenn die Annahmeerklärung auf einen Teil der Wechselsumme beschränkt wird oder andere Einschränkungen enthält.

2. Postprotestaufträge werden, wenn die Wechselsumme nicht gezahlt wird oder der Vorzeigeversuch erfolglos bleibt, bei der Post bis zum Schlusse der Postschalterstunden des ersten Werktags nach dem Zahlungstage des Wechsels zur Einlösung bereitgehalten. Wird auch bis dahin nicht gezahlt, so wird der Wechsel mit dem Postauftrag am zweiten Werktag nach dem Zahlungstage nochmals zur Zahlung vorgezeigt. Bleibt die zweite Vorzeigung oder der Versuch erfolglos, so wird gegen die in der Postauftragskarte bezeichnete Person Protest nach den Vorschriften der Wechselordnung erhoben.

Schon nach der ersten Vorzeigung wird der Protest erhoben, wenn dabei die Zahlung ausdrücklich verweigert worden ist. Ebenfalls wird schon nach der ersten Vorzeigung oder nach dem ersten Versuche der Vorzeigung protestiert, wenn der Postprotestauftrag mit dem Vermerk „Ohne Protestfrist" versehen ist oder die Protestfrist mit dem Tage der Vorzeigung abläuft oder wenn die Person, die zahlen soll, am Zahlungsorte des Wechsels weder einen Geschäftsraum (Geschäftslokal) noch eine Wohnung hat oder wenn es die Post aus einem anderen Grunde für erforderlich hält.

Als Zahlungsverweigerung gilt in jedem Falle nur die Erklärung der Person, die zahlen soll, oder ihres Bevollmächtigten.

XII. Der protestierte Wechsel wird mit der Protesturkunde eingeschrieben an den Auftraggeber unter Einziehung der Gebühren (XVI) und der etwa entstandenen Stempelkosten zurückgesandt.

Zahlt eine vom Aussteller des Wechsels nicht bezeichnete Person innerhalb der Protestfrist als Ehrenzahler die Wechselsumme und die Protestkosten an den Postprotestbeamten, so wird ihr der Wechsel mit der Protesturkunde ausgehändigt.

XIII. Die Protesterhebung durch die Post unterbleibt

1. wenn dem Postprotestauftrage Wechsel, die von der Protesterhebung durch die Post ausgeschlossen sind, oder mehrere Wechsel beigefügt sind;
2. wenn die für Postaufträge zur Geldeinziehung oder zur Annahmeeinholung vorgeschriebene Postauftragskarte benutzt ist.

Postaufträge auf unrichtiger Postauftragskarte sowie Postaufträge, denen

Wechsel in französischer Sprache,
Wechsel mit Notanschrift (Notadresse) oder Ehrenannahme,
unter Vorlegung mehrerer Stücke desselben Wechsels oder unter Vorlegung der Urschrift und einer Abschrift zu protestierende Wechsel

beigefügt sind, werden zunächst dem Berechtigten, bei Wechseln mit Notanschrift (Notadresse) oder Ehrenannahme nur dem Bezogenen vorgezeigt. Bleibt die Vorzeigung oder der Versuch der Vorzeigung vergeblich, so werden sie an einen Gerichtsvollzieher, Notar usw. weitergegeben. Alle übrigen Postaufträge der unter

1 bezeichneten Art werden ohne Vorzeigung an einen Gerichtsvollzieher, Notar usw. weitergegeben.

Die Protesterhebung durch die Post kann unterbleiben, wenn der Auftrag erst am letzten Tage der Protestfrist bei der Postanstalt eingeht, die den Protest zu erheben hat.

XIV. Solange der Postauftrag noch nicht eingelöst, nicht angenommen, zurückgesandt oder weitergesandt ist oder solange noch nicht Protest erhoben worden ist, kann der Absender unter Vorlegung eines Doppels der ausgefüllten Postauftragskarte und unter den sonstigen Bedingungen des § 33 den Postauftrag zurückziehen; bei Postaufträgen zur Geldeinziehung und zur Annahmeeinholung kann er auch die Angaben in der Postauftragskarte ändern lassen. Bei den Anlagen sind nachträgliche Änderungen nicht zulässig.

XV. Die Post haftet bei Postaufträgen zur Geldeinziehung und Annahmeeinholung für die Postauftragssendung wie für einen eingeschriebenen Brief und für den eingezogenen Betrag wie für die auf Postanweisungen eingezahlten Beträge. Sind die Anlagen eines Postauftrags ohne ordnungsmäßige Einziehung des Postauftragsbetrags ausgehändigt worden, so ersetzt die Post dem Absender, vorbehaltlich der Abtretung seines Anspruchs gegen den Empfänger der Anlagen, den unmittelbaren Schaden bis zum Betrage des Postauftrags. Eine weitergehende Gewähr, insbesondere für rechtzeitige Vorzeigung oder für rechtzeitige Rück- oder Weitersendung des Postauftrags leistet sie nicht; sie übernimmt auch keinerlei Verpflichtung zur Erfüllung der besonderen Vorschriften des Wechselrechts.

Bei Postprotestaufträgen haftet die Post für die ordnungsmäßige Ausführung eines vorschriftsmäßigen Protestauftrags (Abs. I bis IV) nach § 4 des Gesetzes, betreffend die Erleichterung des Wechselprotestes, vom 30. Mai 1908 (RGBl. 321). Diese Haftung beginnt mit dem Eingang des Postauftrags bei der Postanstalt, die den Protest zu erheben hat, und endet, sobald der protestierte Wechsel nebst Protesturkunde zur Beförderung an den Auftraggeber nach Abs. XII eingeliefert worden ist. Bis zum Eingang des Postauftrags bei der Postanstalt, die den Protest zu erheben hat, haftet die Post wie für einen eingeschriebenen Brief. In demselben Umfang haftet sie für den Brief mit dem protestierten Wechsel und der Protesturkunde, sobald er von der Postanstalt zur Beförderung an den Auftraggeber eingeliefert worden ist. Wird die Wechselsumme gezahlt, so haftet die Post für den eingezogenen Betrag wie für die auf Postanweisungen eingezahlten Beträge.

Für die Beförderung von Postprotestaufträgen, die an einen Gerichtsvollzieher, Notar usw. weitergegeben werden, haftet die Post wie für einen eingeschriebenen Brief.

XVI. Für Postaufträge werden erhoben

1. die Gebühr für einen Einschreibbrief;
2. eine Vorzeigegebühr von 1 Mk. 50 Pf.;
3. eine Gebühr von 1 Mk. 50 Pf. für das Verlangen der wiederholten Vorzeigung (XI, 1);
4. a) für die Übermittlung des eingezogenen Betrags die Postanweisungsgebühr nach § 4 des Postgebührengesetzes oder die Zahlkartengebühr nach § 5 Ziffer 1 des Postscheckgesetzes. Für Post-

anweisungen von mehr als 2000 Mk. beträgt die Gebühr ebensoviel, wie für die Übermittlung des Gesamtbetrages durch Einzelpostanweisungen bis zu je 2000 Mk. zu entrichten sein würde;

b) für die Rücksendung des angenommenen Wechsels die Gebühr für einen freigemachten Einschreibbrief;

5. wenn die Wechselsumme nicht gezahlt worden ist

a) für die Erhebung des Postprotestes 15 Mk.,

b) für die Rücksendung des protestierten Wechsels und der Protesturkunde die Gebühr für einen freigemachten Einschreibbrief.

Zur Zahlung der Gebühren zu 1, 2, 4 und 5 sowie zur Erstattung der nach den Landesgesetzen etwa entstehenden Stempelkosten für die Protesturkunde ist der Auftraggeber verpflichtet.

Die Gebühren zu 1 und 2 sind vorauszuzahlen. Die Gebühr zu 3 ist bei der ersten Vorzeigung des Postauftrags zu entrichten. Die Postanweisungs- und die Zahlkartengebühr (4a) werden von dem eingezogenen Betrag abgezogen. Die Gebühren unter 4b und unter 5 nebst den landesgesetzlichen Stempelkosten werden bei Übersendung des angenommenen oder des protestierten Wechsels erhoben.

Ist die Zahlung des Geldbetrags oder der Gebühr zu 3 oder die Annahme des Wechsels verweigert worden, so wird der Postauftrag gebührenfrei zurück- oder weitergesandt.

XVII. Die Vorschriften dieses Paragraphen über Protestaufträge gelten sinngemäß auch für Schecks, die protestiert werden sollen.

7. Gesetz über die Wechsel- und Scheckzinsen.

Vom 3. Juli 1925 (RGBl. I S. 93).

Der Reichstag hat das folgende Gesetz beschlossen, das mit Zustimmung des Reichsrats hiermit verkündet wird:

§ 1. Der Zinssatz der nach Artikel 50, 51 der Wechselordnung und § 17 des Scheckgesetzes zu entrichtenden Zinsen beträgt für die Zeit von dem Inkrafttreten dieses Gesetzes ab bis auf weiteres zwei vom Hundert über dem jeweiligen Reichsbankdiskontsatz, mindestens aber sechs vom Hundert.

Jede neue Festsetzung des Reichsbankdiskontsatzes tritt für dieses Gesetz am zweiten Tage nach der Veröffentlichung durch die Reichsregierung im Reichsgesetzblatt in Kraft.

§ 2. Dieses Gesetz tritt mit dem auf die Verkündung folgenden Tage in Kraft.

8. Dritte Verordnung über benachbarte Orte im Wechsel- und Scheckverkehre.

Vom 7. Dezember 1927 (RGBl. I S. 343 ff.)

nach deren Art. I die in dem nachstehenden Verzeichnis unter einer Nummer aufgeführten Orte als benachbart im Sinne der Vorschriften des Art. 91a Abs. 2 der WO. sowie des § 16 Abs. 2 und des § 30 Abs. 2 des Scheckges. anzusehen sind. Nach Art. II ist die VO. am 1. Januar 1928 in Kraft getreten. Gleichzeitig sind die Bekanntmachungen vom 25. April 1923 (RGBl. S. 250), vom 20. April 1924 (RGBl. S. 108) und die Zweite

Verordnung über benachbarte Orte im Wechsel- und Scheckverkehre vom 23. August 1924 (RGBl. I S. 687) außer Kraft getreten.

Verzeichnis der benachbarten Orte.

Preußen.

Provinz Ostpreußen.

1. Elbing, Landgemeinde Lärchwalde.
2. Landgemeinde Freiwalde, Gutsbezirk Maldeuten.
3. Garnsee, Landgemeinde Garnseedorf.
4. Heiligenbeil, Landgemeinde Rosenberg.
5. Marienwerder (Stadt), Landgemeinden Kurzebrack, Groß-Krebs, Mareese, Marienau, Schäferei, Gutsbezirk Gorken.

Provinz Brandenburg.

6. Brandenburg, Landgemeinde Dom. Brandenburg, Gutsbezirk Burg Brandenburg.
7. Cottbus, Landgemeinden Ströbitz, Schmellwitz, Madlow.
8. Finsterwalde, Landgemeinden Nehesdorf, Massen.
9. Frankfurt a. d. Oder, Landgemeinde Tzschetzschnow.
10. Jüterbog, Landgemeinden Damm, Neumarkt.
11. Potsdam (Stadt), Nowawes, Landgemeinden Bornstedt (Mark), Neubabelsberg.
12. Sorau (Stadt), Landgemeinde Seifersdorf.
13. Spremberg, Landgemeinde Slamen.

Provinz Pommern.

14. Stettin, Landgemeinden Frauendorf, Kretow, Pommerenzdorf, Scheune, Züllchow.

Provinz Niederschlesien.

15. Landgemeinden Altheide Bad und Neuheide (Kreis Glatz).
16. Landgemeinden Blumenau (Ober-Tannhausen), Erlenbusch (Nieder-Tannhausen), Tannhausen (Mittel-Tannhausen), Gutsbezirk Tannhausen (sämtlich Kreis Waldenburg).
17. Breslau, Landgemeinden Brockau, Carlowitz, Klein-Gandau, Goldschmieden, Grüneiche, Hartlieb, Klettendorf, Kosel, Krietern, Groß- und Klein-Mochbern, Oltaschin, Opperau, Oswitz, Pilsnitz, Rosenthal, Schmiedefeld, Schwoitsch, Groß- und Klein-Tschansch, Woischwitz, Gutsbezirke Bischofswalde, Goldschmieden, Pirscham, Schmiedefeld, Wilhelmsruh, Zedlitz, Zimpel.
18. Landgemeinden Donnerau, Neu-Wüstegiersdorf, Wüstegiersdorf, Ober-Wüstegiersdorf.
19. Landgemeinden Fellhammer, Nieder-Hermsdorf (Kreis Waldenburg).
20. Freiburg i. Schlesien, Landgemeinden Polsnitz (Kreis Waldenburg), Zirlau (Kreis Schweidnitz).
21. Friedland (Kreis Waldenburg), Landgemeinde Schmidtsdorf.
22. Glogau, Landgemeinden Rauschwitz, Zarkau.
23. Landgemeinden Gnadenfrei, Nied.-Peilau-Schlössel, Ober-Mittel-Peilau, Ober-Peilau II, Gutsbezirke Ober-Mittel-Peilau-Gladeshof, Ober-Mittel-Peilau-Schmolzhof, Ober-Peilau-Reichardtshof, Peilau-Oberhof, Peilau-Seydlitzhof.
24. Landgemeinden Gompersdorf, Schreckendorf, Seitenberg, Gutsbezirk Seitenberg.

25. Grottkau, Landgemeinde Halbendorf (Kreis Grottkau).
26. Landgemeinden Herischdorf, Warmbrunn, Gutsbezirke Herischdorf, Bad Warmbrunn.
27. Hirschberg (Schlesien), Landgemeinden Hartau, Straupitz, Gutsbezirke Hartau, Straupitz.
28. Landeshut (Stadt), Landgemeinde Ober-Leppersdorf.
29. Neusalz a. d. Oder, Landgemeinden Alttschau, Kusser.
30. Landgemeinden Niesky (Ober-Lausitz), Neuhof, Neusärichen, Oedernitz.
31. Landgemeinden Peterswaldau (Kreis Reichenbach), Steinkunzendorf, Gutsbezirke Peterswaldau (Kreis Reichenbach), Steinkunzendorf.
32. Reichenbach, Landgemeinde und Gutsbezirk Neudorf (Kreis Reichenbach).
33. Sagan, Landgemeinden Eckersdorf, Machenau.
34. Schmiedeberg (Riesengebirge), Landgemeinden Arnsberg, Buschvorwerk, Hohenwiese, Forstgutsbezirk Arnsberg.
35. Schweidnitz, Landgemeinde Croischwitz (Kreis Schweidnitz).
36. Striegau, Landgemeinde Gräben (Kreis Striegau).
37. Waldenburg, Landgemeinden Ober-Waldenburg, Dittersbach, Weißstein, Nieder-Salzbrunn, Ober-Salzbrunn, Neu-Salzbrunn (sämtlich Kreis Waldenburg).

Provinz Oberschlesien.

38. Bauerwitz, Landgemeinde Jernau, Gutsbezirk Bauerwitz.

39. Beuthen i. Oberschlesien, Landgemeinde und Gutsbezirk Roßberg.
40. Landgemeinden Gnadenfeld, Pawlowitzke.
41. Hindenburg, Landgemeinde Zaborze.
42. Oppeln, Landgemeinde Kgl.-Neudorf.
43. Ratibor (Stadt), Landgemeinde Ostrog.

Provinz Sachsen.

44. Landgemeinden Althaldensleben, Neuhaldensleben.
45. Dürrenberg, Landgemeinden Keuschberg, Porbitz.
46. Elsterwerda, Landgemeinde Biehla.
47. Halberstadt, Landgemeinde Wehrstedt (Landkreis Halberstadt).
48. Halle a. d. Saale, Landgemeinden Böllberg, Büschdorf, Burg bei Reideburg, Diemitz, Kapellenende, Krondorf, Reideburg, Schönnewitz, Gutsbezirk Sagisdorf.
49. Herzberg (Elster), Landgemeinde Alt-Herzberg.
50. Hettstedt (Südharz), Landgemeinden Burgörner, Oberwiederstedt.
51. Bad Liebenwerda, Landgemeinde Weinberge.
52. Gutsbezirk Lauchhammer, Landgemeinde Naundorf.
53. Magdeburg, Landgemeinden Barleben, Biederitz, Heyrothsberge, Olvenstedt, Groß-Ottersleben.
54. Naumburg, Landgemeinde Altenburg.
55. Nordhausen, Landgemeinde Salza.
56. Prettin, Landgemeinden Hintersee, Lichtenburg. Gutsbezirke Lichtenburg Domäne, Lichtenburg Strafanstalt.
57. Querfurt, Landgemeinde Thaldorf.
58. Bad Salzelmen (Bezirk Magdeburg), Schönebeck, Landgemeinde Frohse.

59. Staßfurt, Leopoldshall (Anhalt).
60. Landgemeinde Stützerbach (Preußen), Landgemeinde Stützerbach (Thüringen).
61. Landgemeinde Suderode (Landkreis Quedlinburg), Gernrode (Anhalt).
62. Wernigerode, Landgemeinde Nöschenrode, Gutsbezirk Schloß Wernigerode.
63. Wittenberg, Landgemeinden Kleinwittenberg, Piesteritz.
64. Landgemeinden Zeckritz, Zschackau.
65. Zeitz, Landgemeinden Aue, Aylsdorf, Grana, Rasberg.

Provinz Schleswig-Holstein.

(Wegen Altona, Wandsbek, Landgemeinden Lockstedt, Schenefeld [Bez. Hamburg], Schiffbek [Bez. Hamburg], Sande [Kr. Stormarn] zu vgl. Nr. 231, 232.)

66. Eckernförde, Landgemeinde Borby.
67. Flensburg, Landgemeinden Adelby, Harrislee, Kupfermühle, Wassersleben.
68. Kiel, Landgemeinden Dänischenhagen, Elmschenhagen, Heikendorf, Kronshagen, Laboe, Meimersdorf, Mönkeberg, Russee, Schilksee, Strande, Suchsdorf, Gutsbezirk Schrevenborn.
69. Neumünster, Landgemeinden Brachenfeld, Gadeland, Tungendorf, Wittorf.
70. Niebüll, Landgemeinde Deezbüll.
71. Rendsburg, Landgemeinden Büdelsdorf, Jockbek, Rickert, Borgstedt, Schacht-Audorf, Osterrönfeld, Westerrönfeld.
72. Bad Segeberg, Landgemeinde Klein-Niendorf.

Provinz Hannover.

(Wegen der Landgemeinden Aumund, Beckedorf [Kreis Blumenthal], Blumenthal, Farge, Grohn, St. Magnus, Burgdamm, Hemelingen, Lesum, Lilienthal zu vergleichen Nr. 239, 238.)

73. Celle, Landgemeinden Klein-Hehlen, Westercelle.
74. Emden, Landgemeinde Wolthusen.
75. Göttingen, Landgemeinden Geismar, Grone, Rosdorf, Weende.
76. Landgemeinden Groß-Nenndorf, Klein-Nenndorf, Gutsbezirk Bad Nenndorf.
77. Hannover, Landgemeinden Brink, Langenforth, Langenhagen.
78. Hildesheim, Landgemeinde Himmelsthür.
79. Lüneburg, Landgemeinden Hagen (Landkreis Lüneburg), Lüne.
80. Landgemeinden Neustadt und Hachmühlen (beide Kreis Springe).
81. Osnabrück, Landgemeinden Haste (Landkreis Osnabrück), Lüstringen.
82. Osterode a. Harz, Landgemeinden Freiheit, Katzenstein, Lasfelde, Petershütte.
83. Bad Pyrmont, Landgemeinde Holzhausen.
84. Wesermünde, Bremische Stadt Bremerhaven.
85. Wilhelmshaven, Rüstringen (Oldenburg).

Provinz Westfalen.

86. Bielefeld, Landgemeinden Brackwede, Gadderbaum, Gellershagen, Schildesche, Sieker, Bauerschaft Schildesche.

87. Bünde, Landgemeinden Ennigloh, Spradow, Südlenchern, Hunnebrock.
88. Castrop-Rauxel, Landgemeinden Bodelschwingh, Börnig, Bövinghausen (Amt Lütgendortmund), Brünninghausen, Deininghausen, Ellinghausen, Holthausen, Mengede, Nette, Sodingen, Westerfilde.
89. Dorsten, Landgemeinde Hervest.
90. Dortmund, Hörde, Landgemeinden Aplerbeck, Berghofen (Kr. Hörde), Schüren (Kr. Hörde), Wellinghofen (Kr. Hörde).
91. Gelsenkirchen, Wattenscheid, Wanne-Eickel.
92. Gevelsberg, Haspe, Landgemeinde Milspe.
93. Hamm, Landgemeinde Mark.
94. Hattingen, Landgemeinden Welper, Winz.
95. Landgemeinden Langendreer, Werne (Landkreis Bochum).
96. Landgemeinden Lütgendortmund, Somborn.
97. Neheim, Landgemeinde Hüsten.
98. Paderborn, Landgemeinde Neuhaus.
99. Rheine, Rheine rechts der Ems, Rheine links der Ems.
100. Rietberg, Landgemeinde Neuenkirchen (Kr. Wiedernbrück).

Rheinprovinz.

(Wegen Bingerbrück zu vgl. Nr. 224.)

101. Landgemeinden Aßlar, Klein-Altenstädten.
102. Barmen, Elberfeld, Vohwinkel, Cronenberg (Rheinland).
103. Bendorf, Landgemeinden Engers, Mühlhofen, Sayn.

104. Bonn, Landgemeinde Beuel.
105. Cleve, Landgemeinden Kellen, Materborn.
106. Dülken, Landgemeinde Dülken.
107. Düren, Landgemeinde Gürzenich.
108. Duisburg, Mülheim (Ruhr), Hamborn, Homberg (Niederrhein), Landgemeinden Huckingen, Rheinhausen (Niederrhein), Walsum.
109. Ehrenbreitstein, Landgemeinde Pfaffendorf.
110. Emmerich, Landgemeinde Klein-Netterden.
111. Eschweiler, Landgemeinden Dürwiß (Kr. Jülich), Hastenrath (Kr. Düren), Kinzweiler, Nothberg, Weißweiler.
112. Essen, Werden, Kettwig, Steele, Landgemeinden Karnap, Heisingen, Stoppenberg, Frillendorf, Schonnebeck, Katernberg, Kupferdreh, Kray, Überruhr.
113. Gräfrath, Höhscheid, Ohligs, Solingen, Wald.
114. Landgemeinden Heimbach, Weis.
115. Koblenz, Landgemeinde Metternich.
116. Köln, Rodenkirchen.
117. Krefeld, Ürdingen, Landgemeinden Fischeln, Hüls, St. Tönis, Traar, Willich.
118. Langenberg, Hardenberg-Neviges.
119. Linz, Landgemeinde Linzhausen.
120. Mörs, Landgemeinde Repelen-Baerl.
121. München-Gladbach, Odenkirchen, Rheydt.
122. Neunkirchen, Landgemeinde Niederneunkirchen.
123. Neuß, Landgemeinden Kaarst, Grimmlinghausen, Büderich und Holzheim.
124. Oberhausen, Sterkrade.
125. Saarbrücken, Landgemeinden Brebach, Gersweiler.

126. Stolberg (Landkreis Aachen), Landgemeinden Büsbach, Eilendorf.
127. Trier, Landgemeinden Euren, Kürenz, Olewig.
128. Wetzlar, Landgemeinden Garbenheim, Hermannstein (Kr. Biedenkopf).

Provinz Hessen-Nassau.

(Wegen Hermannstein [Kr. Biedenkopf] zu vgl. Nr. 128.)

129. Allendorf a. d. Werra (Stadt), Sooden.
130. Eltville a. Rh., Landgemeinden Erbach, Kiedrich, Neudorf, Niederwalluf, Oberwalluf, Rauenthal, Schlangenbad.
131. Felsberg, Landgemeinde Gensungen.
132. Frankfurt a. M., Höchst a. M., Offenbach a. M. (Hessen), Landgemeinden Fechenheim, Griesheim (Main), Hattersheim, Nied (Kr. Höchst), Schwanheim.
133. Geisenheim, Landgemeinden Johannisberg, Winkel.
134. Landgemeinden Grenzhausen, Höhr.
135. Landgemeinde Herrenbreitungen, Landgemeinde Breitungen (Werra).
136. Homburg v. d. Höhe, Landgemeinden Dornholzhausen, Gonzenheim, Kirdorf.
137. Kassel, Landgemeinden Harleshausen, Ihringhausen, Niederzwehren, Wolfsanger.
138. Lorch, Landgemeinde Lorchhausen.
139. Oberursel, Landgemeinde Bommersheim.
140. Rüdesheim, Landgemeinde Elbingen.
141. Landgemeinde Klein-Schmalkalden (Preußen), Landgemeinde Klein-Schmalkalden (Thüringen).
142. Wiesbaden, Amöneburg, Landgemeinden Bierstadt, Dotzheim, Erbenheim, Rambach.

Bayern.

143. Augsburg, Göggingen.
144. Deggendorf, Schaching.
145. Bad Dürkheim, Grethen.
146. Enkenbach, Alsenborn, Kaiserslautern.
147. Freyung, Bannholz (Gemeinde Ort), Ortmühle (Gemeinde Ort).
148. Garmisch, Partenkirchen.
149. Haidhäuser (Gemeinde Frauenberg), Haidmühle (Gemeinde Leopoldsreut).
150. Hersbruck, Altensittenbach.
151. Homburg, Erbach-Reiskirchen.
152. Kempten, Aich und Bucharts (Gemeinde St. Lorenz), Hegge (Gemeinde Waltenhofen), Kottern, Neudorf und Schelldorf (Gemeinde St. Mang).
153. Landshut, Achdorf, Berg ob Landshut.
154. Lohr, Sendelbach.
155. Ludwigshafen a. Rh., Mannheim (Baden), Oppau, Rheingönheim.
156. Marktbreit, Segnitz.
157. München, Freimann, Obermenzing, Pasing.
158. Neu-Ulm, Ulm (Württemberg).
159. Nürnberg, Fürth, Stein.
160. Passau, Grubweg, Hacklberg.
161. Pfronten-Berg, Pfronten-Steinach.
162. Regen, Heilig-Geist (Gemeinde Eggenried).
163. Regensburg, Dechbetten, Großprüfening.
164. Bad Reichenhall, Kirchberg (Gemeinde Karlstein).
165. Selb, Erkersreuth.
166. Traunstein, Wegscheid (Gemeinde Haslach).
167. Würzburg, Heidingsfeld, Zell a. M.

Sachsen.

168. Adorf, Jugelsburg.
169. Annaberg, Buchholz.
170. Aue, Auerhammer.
171. Auerbach, Rodewisch.
172. Bernstadt, Kunnersdorf auf dem Eigen.
173. Bertsdorf, mit Ortsteil Hänischmühle, Jondsdorf.
174. Borna (Bez. Leipzig), Altstadt-Borna, Gnandorf.
175. Chemnitz, Erfenschlag, Glösa, Harthau, Nieder-Hermersdorf, Ober-Hermersdorf, Reichenhain, Rottluff, Schönau, Siegmar.
176. Coßmannsdorf, Freital, Hainsberg.
177. Crimmitschau, Frankenhausen, Neukirchen (Pleiße), Schweinsburg.
178. Cunewalde, Obercunewalde.
179. Döbeln, Großbauchlitz.
180. Dresden, Döltzschen, Niedersedlitz, Radebeul, Zschachwitz, Zschieren.
181. Eibau, Neueibau, Walddorf.
182. Bad Elster, Mühlhausen.
183. Falkenstein, Ellefeld.
184. Flöha, Plaue-Bernsdorf.
185. Herrnhut, Niederstrahwalde, Oberstrahwalde, Berthelsdorf, Niederruppersdorf.
186. Hohenstein-Ernstthal, Gersdorf, Hermsdorf.
187. Kirchberg, Saupersdorf.
188. Klingenthal, Brunndöbra, Georgenthal, Obersachsenberg, Oberzwota, Untersachsenberg, Zwota.
189. Königstein, Hütten.
190. Bad Lausick, Heinersdorf, Reichersdorf.

191. Leipzig, Abtnaundorf, Böhlitz-Ehrenberg, Gaschwitz, Gautsch, Großstädteln, Mölkau, Ötzsch, Markkleeberg, Stahmeln, Engelsdorf (Bez. Leipzig), Holzhausen, Klein-Miltitz, Liebertwolkwitz.
192. Lengenfeld, Waldkirchen.
193. Lichtenstein-Callnberg, Rödlitz.
194. Limbach i. S., Kändler (Bez. Chemnitz), Mittelfrohna, Oberfrohna, Pleißa, Röhrsdorf, Rußdorf b. Oberfrohna.
195. Lugau, Ortsteil Anbau der Gemeinde Niederwürschnitz.
196. Markneukirchen, Erlbach, Wohlhausen.
197. Mittweida, Altmittweida.
198. Mylau (Vgtld.), Netzschkau, Obermylau, Friesen, Rotschau, Unterheinsdorf.
199. Ölsnitz i. Erzgeb., Hohndorf (Bez. Chemnitz).
200. Ölsnitz i. V., Lauterbach, Untermarxgrün.
201. Olbernhau i. Erzgeb., Blumenau, Hallbach, Klein-Neuschönberg, Kupferhammer-Grünthal, Nieder-Neuschönberg, Ober-Neuschönberg, Rothenthal.
202. Ostritz, Altstadt bei Ostritz.
203. Pulsnitz, Dorf Pulsnitz (Meißner Seite).
204. Radebeul, Kötzschenbroda, Oberlößnitz.
205. Schneeberg, Neustädtel, Niederschlema, Oberschlema.
206. Schönheide (Erzgeb.), Schönheiderhammer, Neuheide (Erzgeb.).
207. Sebnitz, Hertigswalde.
208. Stollberg, Mitteldorf, Niederdorf.
209. Waldenburg, Altstadt Waldenburg, Altwaldenburg.

210. Werdau, Langenhessen, Leubnitz, Ruppertsgrün, Steinpleis, Langenbernsdorf.
211. Wilkau, Cainsdorf, Friedrichsgrün, Nieder-Haßlau, Vielau.
212. Zittau, Eckartsberg, Olbersdorf.
213. Zwickau, Bockwa, Cainsdorf, Oberhohndorf, Planitz, Pöhlau, Reinsdorf, Lichtentanne.
214. Zwönitz, Niederzwönitz.

Württemberg.

(Wegen Ulm zu vgl. Nr. 158.)

215. Hall, Steinbach und Hessental.
216. Heilbronn, Böckingen und Sontheim.

Baden.

(Wegen Mannheim zu vgl. Nr. 155.)

217. Baden-Baden, Oos.
218. Lahr, Dinglingen.

Thüringen.

(Wegen Stützerbach zu vgl. Nr. 60;
wegen Breitungen (Werra) zu vgl. Nr. 135;
wegen Klein-Schmalkalden zu vgl. Nr. 141.)

219. Arnstadt, Ichtershausen, Rudisleben, Siegelbach.
220. Lauscha, Neuhaus a. Rennweg-Igelshieb.
221. Lichte, Wallendorf.
222. Sonneberg, Köppelsdorf, Oberlind.

Hessen.

(Wegen Offenbach a. M. zu vgl. Nr. 132.)

223. Auerbach, Bensheim.

224. Bingen, Bingerbrück (Preußen), Büdesheim, Gaulsheim, Kempten.
225. Darmstadt, Arheilgen, Eberstadt, Griesheim (Kr. Darmstadt), Pfungstadt.
226. Erbach, Michelstadt.
227. Friedberg, Bad Nauheim.
228. Mainz, Bretzenheim, Weisenau.
229. Nieder- und Ober-Ingelheim.
230. Worms, Herrnsheim, Horchheim, Leiselheim.

Hamburg.

231. Stadtgebiet Hamburg, Altona (Preußen), Wandsbek (Preußen), hamburgische Landgemeinden Billwärder a. d. Bille, Moorfleth, preußische Landgemeinden Lockstedt (Bez. Hamburg), Schenefeld (Bez. Hamburg), Schiffbek.
232. Bergedorf, preußische Landgemeinde Sande (Kr. Stormarn).

Mecklenburg-Schwerin.

233. Brunshaupten, Arendsee.
234. Müritz, Graal.

Oldenburg.

(Wegen Rüstringen, Stockelsdorf, Fackenburg, Bad Schwartau zu vgl. Nr. 85, 240.)

235. Idar, Oberstein.

Braunschweig.

236. Braunschweig, Gliesmarode, Lehndorf, Ölper, Melverode, Rüningen.
237. Bad Harzburg, Bündheim, Schlewecke.

B.

Q.

R.

Z.

Gedruckt bei A. W. Hayn's Erben, Potsdam.

Staubs Kommentar zur Wechselordnung. Fortgesetzt von Dr. **J. Stranz** und Dr. **M. Stranz.** Elfte Auflage, bearbeitet von Justizrat Dr. **M. Stranz,** Rechtsanwalt am Kammergericht, und **Martin Stranz,** Rechtsanwalt an den Landgerichten Berlin. Lex.-Oktav. 426 Seiten. 1926. M. 16.—, geb. M. 18.—.

„Das seit Jahrzehnten bestehende lebenskräftige Werk hat sich längst im Schrifttum die Führerrolle anzueignen verstanden. Daneben hat es in hohem Maße befruchtend auf Rechtsprechung und Rechtslehre eingewirkt.“
Zeitschrift des Bundes Deutscher Justizamtmänner.

Wechselordnung vom 3. Juni 1908. Kommentar von Justizrat Dr. **J. Stranz** und Dr. **M. Stranz,** Rechtsanwalt. Zwölfte Auflage von Dr. **M.** und **M. Stranz.** Taschenformat. VIII, 396 Seiten. 1923. (Guttentagsche Sammlung Deutscher Reichsgesetze Bd. 5.) Geb. M. 3.50.

„Die Verfasser haben die Vorschriften der Wechselordnung in einer stets klaren Sprache systematisch so erläutert, daß für den täglichen Gebrauch des Juristen oder Kaufmanns keine irgend erhebliche Frage ohne Beantwortung geblieben ist . . . daß der Leser ein volles Bild vom Stande des deutschen Wechselrechts für die Zwecke der praktischen Rechtsanwendung überall gewinnen kann.“ *Juristische Wochenschrift.*

Scheckgesetz mit allen einschlägigen Nebengesetzen, den ausländischen Gesetzen und dem Deutschen Postscheckgesetz mit Postscheckordnung. Kommentar von Reichsgerichtsrat **Richard Michaelis.** Lex.-Oktav. VII, 339 Seiten. 1927. (Gewerbe- und Industriekommentar Bd. 2.) M. 16.—, geb. M. 18.—.

„Was der Staub für das Handelsgesetzbuch ist, dürfte der Kommentar von Michaelis für das Scheckgesetz bedeuten, nämlich eine groß angelegte, dem Bedürfnis der Wissenschaft wie dem der Praxis in gleicher Weise Rechnung tragende Durcharbeitung des Gesetzestextes, der dazugehörigen Materialien, der einschlägigen Literatur sowie der höchstrichterlichen Rechtsprechung.“
Deutsche Wirtschafts-Zeitung.

Bank- und Börsenrecht. Eine Sammlung von Gesetzen und Geschäftsbedingungen. Herausgegeben und eingeleitet von Dr. **Arthur Nußbaum,** Professor an der Universität Berlin. Taschenformat. XII, 622 Seiten. 1927. (Guttentagsche Sammlung Deutscher Reichsgesetze Bd. 169.) Geb. M. 11.—.

Die Vollzähligkeit und Handlichkeit des Bandes sind die besonderen Vorzüge, die diese Sammlung bank- und börsentechnischer Gesetze und Vorschriften für den allgemeinen Gebrauch in der Praxis prädestinieren, um so mehr, als auf diesem Gebiet kein Zentralgesetz besteht und die Rechtsbildung auf weite Strecken hin dem freien Verkehr überlassen ist. Das Besondere an dieser Sammlung ist, daß sie auch diese Rechtsbildungen berücksichtigt

Konkursordnung und Anfechtungsgesetz. Mit Anmerkungen unter besonderer Berücksichtigung der Entscheidungen des Reichsgerichts. Begonnen von Dr. **R. Sydow.** Fortgeführt von Dr. **L. Busch,** Reichsgerichtsrat i. R., jetzt zugleich mit **O. Krieg,** Landgerichtsdirektor. Vierzehnte vermehrte Auflage. Taschenformat. XXXI, 622 Seiten. 1926. Mit Nachtrag 1927, enthaltend Vergleichsordnung. (Guttentagsche Sammlung Deutscher Reichsgesetze Bd. 13.) Geb. M. 10.—.

„Diese mustergültige Bearbeitung des Konkursrechtes kann einen großen Kommentar zur Konkursordnung voll ersetzen. Der Reichtum an praktisch-wissenschaftlichen Erläuterungen, an angezogenen Gerichtsentscheidungen setzt in Erstaunen. Die angefügte Darstellung des Anfechtungsgesetzes erfüllt ebenfalls alle Erwartungen." *Leipziger Zeitschrift für deutsches Recht.*

Kommentar zur Konkursordnung und den Einführungsgesetzen. Mit einem Anhang, enthaltend das Anfechtungsgesetz, die Vergleichsordnung, Auszüge aus den Kostengesetzen, die Ausführungsgesetze und Geschäftsordnungen. Von Dr. **Ernst Jaeger,** Professor in Leipzig. Sechste und siebente Auflage. Lexikon-Oktav. Die Ausgabe erfolgt in Lieferungen. Gesamtumfang etwa 100 Bogen. Etwa M. 80.— Lieferung I: §§ 1—16. 1928. M. 16.—.

„Vom Erscheinen der ersten Auflage an galt das Werk ohne Widerspruch als der beste Kommentar zur Konkursordnung. Die Autorität, die das Werk in allen Kreisen genießt, ist voll verdient. Jaeger ist der Kommentar der deutschen Konkursordnung!"

Juristische Wochenschrift.

Guttentagsche Sammlung

Deutscher Reichs- und Preußischer Gesetze

einschließlich

de Gruytersche Sammlung Deutscher Gesetze

(Handkommentare)

Systematisches Verzeichnis

Novbr. 1928

Walter de Gruyter & Co., Berlin W 10 und Leipzig

Bürgerliches Recht

Bürgerliches Gesetzbuch

Band **Reichsgesetze:**

88/39. **Bürgerliches Gesetzbuch nebst Einführungsgesetz.** Von A. Achilles. In Verbindung mit F. André, O. Meyer, O. Strecker, K. v. Unzner herausgegeben von M. Greiff. 12. Auflage. — 1926. 24.—

84. **Sammlung kleinerer privatrechtlicher Reichsgesetze.** Von G. Müller. — 1903. 5.50

129. **Zivilrechtkriegsgesetze.** Von J. Fischer. — 1918. 1.50

116. **Kriegs-Zivil- und Finanzgesetze.** 3. Auflage. — 1915. 1.50

116 a. Desgl. Zweite Folge: Jahr 1915. — 1916. 1.20

Preußische Gesetze:

23. **Ausführungsgesetze zum Bürgerlichen Gesetzbuche.** Von P. Siméon. 3. Auflage. — 1914. 2.20

Textausgaben:

Bürgerliches Gesetzbuch nebst Einführungsgesetz. 16. Auflage. — 1928. 5.—

Schuldverhältnisse insbesondere

Reichsgesetze:

34. **Die Abzahlungsgeschäfte.** 3. Auflage von E. Wilke. — 1910. 1.20

93. **Sicherung der Bauforderungen.** Von E. Harnier. 3. Auflage. — 1912. 1.50

55. **Beschlagnahme von Lohn- und Gehaltsforderungen.** Von G. Meyer. 6. Auflage. — 1927. Mit Nachtrag 1928. 4.50

70. **Das Reichshaftpflichtgesetz.** Von G. Eger. — 1903. Vergriffen.
Als Ersatz: F. Seligsohn, **Haftpflichtgesetz.** — 1920. (Außerhalb der Sammlung.) 8.—, geb. 9.50

94. **Die Beamtenhaftpflichtgesetze des Reiches und der Länder.** Von H. Delius. 3. Auflage. — 1921. 3.20

52. **Rechte der Besitzer von Schuldverschreibungen.** Von H. Göppert. 2. Auflage von E. Trendelenburg. — 1915. 1.50

50. **Der Viehkauf (Viehgewährschaft).** Von H. Stölzle. 6. Auflage. — 1926. 15.—

90. **Das Internationale Privatrecht,** Die Haager Abkommen über. Von G. Bogeng. — 1908. 2.—
98. **Sechs Haager Abkommen über Internationales Privatrecht.** H. Dungs. — 1910. 1.50

Preußische Gesetze:

37. **Enteignung von Grundeigentum.** Von O. Meyer. 3. Auflage. — 1927. 5.50

Sachenrecht insbesondere

de Gruytersche Sammlung Deutscher Gesetze (Handkommentare):

Aufwertungsrecht von R. Michaelis. — 1926. Mit Nachtrag 1927. 16.—
Nachtrag einzeln —.30

Reichsgesetze:

135. **Erbbaurecht.** Von H. Günther. — 1919. 2.—
42. **Grundbuchordnung.** Von O. Fischer und R. Fischer. 9. Auflage. — 1927. 5.—
156. **Mietrecht und Wohnungsmangelgesetz.** Von O. Krieg. 4. Auflage. — 1928. 10.—

Textausgaben:

Aufwertungsgesetze mit Einleitung. Von R. Michaelis. — 1925. Mit Nachtrag 1927. 1.50
Reichsmietengesetz. — 1922. —.50

Familienrecht und Erbrecht

Reichsgesetze:

45. **Entmündigungsrecht.** Von P. Koll. — 1900. 1.20
58. **Recht der unehelichen Kinder.** Von H. Jastrow. — 1901. Mit Nachtrag 1925. 1.60
47. **Deutsches Vormundschaftsrecht.** Von M. Schultzenstein und P. Köhne. 2. Auflage. — 1901. Vergriffen.
124. **Todeserklärung Kriegsverschollener.** Von J. Partsch. — 1917. 2.—
59. **Beurkundung des Personenstandes und die Eheschließung.** Von F. Fidler. 2. Auflage. — 1912. 2.30

Preußische Gesetze:

3. **Nottestamente.** Von E. Kurtz. — 1904. 1.50

Handelsrecht

Reichsgesetze:

4. **Handelsgesetzbuch** ohne Seerecht. Von F. Litthauer und A. Mosse. 17. Auflage. Von E. Heymann. — 1926. 14.—
162. **Handelsrechtl. Nebengesetze.** Von O. Schreiber. — 1926. 14.—
169. **Bank- und Börsengesetze.** Von A. Nußbaum. — 1927. 11.—
41. **Börsengesetz.** Von Th. Hemptenmacher. 3. Auflage von O. Meyer. — 1915. 8.50
26. **Münz- und Notenbankwesen.** Von R. Koch. 7. Auflage von H. Schacht. — 1925. 14.—
117. **Darlehnskassengesetz.** Von H. Salomon u. K. Bub. — 1915. 1.80
40. Gesetz, betr. die **Pflichten der Kaufleute bei Aufbewahrung fremder Wertpapiere (Depotgesetz).** Von F. Lusensky. 3. Auflage. — 1916. Mit Nachtrag 1924/25. 1.—
24. **Aktiengesellschaft und Kommanditgesellschaften auf Aktien.** Von H. Keyßner und H. V. Simon. 7. Auflage. In Bearbeitung.
32. **Gesellschaften mit beschränkter Haftung.** Von L. Parisius, H. Crüger und A. Crecelius. 17. Auflage. — 1926. 3.50
29. **Erwerbs- und Wirtschaftsgenossenschaften.** Von L. Parisius, H. Crüger, A. Crecelius und Fr. Citron. 19. Auflage. — 1928. 4.—
51. **Hypothekenbankgesetz.** Von H. Göppert. 2. Auflage von H. J. Seibel. — 1911. Mit Nachtrag 1926. 2.20
100. **Kaligesetz.** Von B. Voelkel. — 1910. 2.40
167. **Verordnung gegen Mißbrauch wirtschaftlicher Machtstellungen** (Kartellgesetz). Von W. Staffel. — 1927. 3.50
115. **Das vertragliche Wettbewerbsverbot (Konkurrenzklausel).** Von G. Baum. — 1914. 3.—
113. **Postscheckgesetz.** Von J. Weiland. — 1914. Mit Nachtrag 1918. Vergriffen.
113 a. **Postscheckordnung.** Von J. Weiland. — 1914. Mit Nachtrag 1918. 1.50
85. **Scheckgesetz.** Von M. Apt. Vergriffen. Neue Auflage von W. Schmidt. In Bearbeitung.
Kommentar von R. Michaelis. — 1927. (Außerhalb der Sammlung.) 16.—, geb. 18.—
5. **Wechselordnung.** Von J. Stranz und M. Stranz. 12. Auflage. — 1923. Mit Nachtrag 1926, enthaltend **Wechselstempelgesetz und Scheckgesetz.** 3.50
Nachtrag einzeln —.60

36. **Privatrechtliche Verhältnisse der Binnenschiffahrt und Flößerei.** Von E. Löwe. 6. Auflage. — 1923. 4.—
19. **Die Seegesetzgebung.** Von W. E. Knitschky. 5. Auflage von O. Rudorff. — 1913. 8.—

Preußische Gesetze:

54. **Anlegung von Sparkassenbeständen in Inhaberpapieren.** Von H. Döhring. — 1914. 2.80
21. **Handelskammern.** Von F. Lusensky. 2. Aufl. — 1909. 3.—

Textausgaben:

Handelsgesetzbuch mit **Seerecht.** 11. Auflage. — 1924. 2.60
Wechselordnung. — 1908. Mit Anhang: Wechselprozeß und Ausführungsanweisung. — 1920. —.50

Versicherungsrecht

Reichsgesetze:

62. **Private Versicherungsunternehmungen.** Von H. Koenige. 3. Auflage von H. Koenige und A. Petersen. — 1927. 20.—
83. **Versicherungsvertrag.** Von P. Hager und E. Bruck. 6. Auflage. — 1928. Im Druck.
164. **Aufwertung von Versicherungsansprüchen.** Teil I: **Lebensversicherungen.** Von L. Berliner und E. Pfaffenberger. — 1926. 6.50
164 a. Desgl. Teil II: **Sach-** (Feuer-, Glas-, Wasser- usw.) **und Transportversicherung, Unfall- und Haftpflichtversicherung.** — 1926. Mit Nachtrag 1927. 3.50
Nachtrag einzeln —.30

Gewerberecht

Reichsgesetze:

6. **Gewerbeordnung** für das Deutsche Reich nebst **Kinderschutzgesetz** und **Hausarbeitsgesetz.** Von Fr. Hiller und H. Luppe. 21. Auflage. — 1928. 11.—
64. **Handel mit Drogen und Giften,** Gesetzsammlung, betr. den. Von H. Sonnenfeld. 3. Auflage. — 1926. 12.—
48. **Drogen-, Gift- und Farbenhandel außerhalb der Apotheken,** Gesetze, betr. den. Von J. Broh. — 1899. 1.20

130. **Ersatzlebensmittelverordnung.** Von H. E. Wendel. — 1918. 1.50

54. **Nahrungsmittelgesetze** mit Erläuterungen. Von Georg Lebbin. 2. Auflage in zwei Bänden.
 a) I. **Lebensmittelgesetz** vom 5. Juli 1927 mit Nebengesetzen (Margarine, Fleisch, Milch, Süßstoff, Essigsäure usw.). Von G. Lebbin und R. Gießner. — 1928. 8.50
 b) II. **Getränkegesetze und Getränkesteuergesetze** (Wein, Bier, Branntwein, Mineralwasser). Unter Mitarbeit von K. Kniebe. — 1926. 10.—

65. **Weingesetz.** Von G. Lebbin. 2. Auflage. — 1909. Vergriffen

71. **Kinderarbeit in gewerblichen Betrieben.** Von H. Spangenberg. 2. Auflage. — 1904. 1.20

Preußische Gesetze:

16. **Konzessionierung gewerblicher Anlagen.** Von W. v. Rüdiger. 2. Auflage. — 1901. Vergriffen.

Textausgaben:

Gewerbeordnung, Preußische Ausführungsanweisung zur. — 1904. 1.—

Arbeitsrecht

Reichsgesetze:

138 a. **Arbeiterschutz und Arbeitsrecht.** Von A. Günther. 2. Auflage. Teil I: **Arbeitszeitschutz.** Von R. Schneider und A. Günther. — 1927. 7.50

138 c. Teil II: **Schwerbeschädigtengesetz.** Von R. Schneider und A. Günther. — 1928. 8.—

138 b. **Betriebsrätegesetz.** Von A. Günther. — 1920. Vergriffen.

168. **Arbeitsgerichtsgesetz.** Von H. Depène. — 1927. 3.60

74. **Die Kaufmannsgerichte.** Von M. Apt. 3. Auflage. — 1904. Vergriffen.

112. **Kaufmannsgerichtsgesetz.** Von H. Depène. — 1914. 2.60

112 a. **Kaufmanns- und Gewerbegerichtsgesetz nebst Schlichtungsordnung.** (Ergänzungsband zu Bd. 112.) Von H. Depène. — 1924. 3.50
 Die Bde. 112 und 112 a enthalten zusammen den vollständigen Text des Gewerbegerichtsgesetzes.

Preußische Gesetze:

58. **Arbeitsnachweis.** Von P. Wölbling. — 1920. 1.—

Sozialpolitische Gesetze

Reichsgesetze:

106—109. **Reichsversicherungsordnung.** Von F. Caspar und A. Spielhagen. 1913-1922. 4 Bände. Komplett. 18.—

161. **Reichsversicherungsordnung.** Von K. Lippmann. — 1925. 11.—

161 a. Desgl. **Ergänzungsband**, enthaltend die neue Fassung des **Unfallversicherungsgesetzes** sowie die Änderungen der übrigen Bücher der RVO. — 1926. 4.—

161 b. Desgl. **Zweiter Ergänzungsband.** 2., vermehrte Auflage nach dem Stand vom 1. Juli 1928. — 1928. —.80

155. **Reichsknappschaftsgesetz.** Von M. Reuß und F. Hense. 2. Auflage. — 1926. Mit Nachtrag 1927. 12.—

152. **Wohlfahrtsgesetze.** Von E. Behrend und H. Stranz-Hurwitz. Teil I. — 1923. 5.—

152 a. Desgl. Teil II. — 1925. 9.—

152 und 152 a zusammen bezogen 12.—

165. **Handbuch der Arbeitslosenfürsorge.** Von H. Schmeißer. Im Druck.

160. **Fürsorgepflicht.** Von E. Sandré. — 1925. 6.—

154. **Jugendwohlfahrt und Jugendgerichtsgesetz.** Von P. Drewes und E. Sandré. 2. Auflage von P. Drewes. — 1928. 11.—

Textausgaben:

Versicherungsgesetz für Angestellte. 2. Auflage. — 1927. 2.50

Geistig-gewerblicher Rechtsschutz

Reichsgesetze:

81. **Urheberrecht an Werken der bildenden Künste und der Photographie.** Von L. Fuld. 2. Auflage. — 1926. 6.—

60. **Das Urheberrecht an Werken der Literatur und der Tonkunst.** Von O. Lindemann. 4. Auflage. — 1921. 1.80

102. **Urheberrecht an Mustern und Modellen** und Schutz von **Gebrauchsmustern.** Von J. Neuberg. — 1911. 2.40

95. Die Berner Übereinkunft über **Internationales Urheberrecht.** Von H. Dungs. — 1910. 1.—

Zivilprozeß

de Gruytersche Sammlung Deutscher Gesetze (Handkommentare):

Reichsgesetze:

Preußische Gesetze:

Textausgaben:

Freiwillige Gerichtsbarkeit

Reichsgesetze:

46.	**Freiwillige Gerichtsbarkeit.** Von H. Jastrow. 7. Auflage von H. Günther. — 1928.	9.—
76.	**Die Rechtshilfe im Verkehr mit den ordentlichen Gerichten.** Von A. Friedländer. — 1906.	1.50
163.	**Notariatsrecht.** Von F. Szkolny und L. Kober. — 1925.	8.50

Preußische Gesetze:

4.	**Gebührenordnung für Notare** vom 28. Oktober 1922. Von J. Rausnitz. 6. Auflage. — 1925.	7.—
29.	**Ärztliche Ehrengerichte, das Umlagerecht und die Kassen der Ärztekammern.** Von F. Fidler. — 1901.	1.50

Textausgaben:

Freiwillige Gerichtsbarkeit. — 1920.	1.—

Konkursordnung und Zwangsvollstreckung

Reichsgesetze:

13.	**Konkursordnung und Anfechtungsgesetz.** Von R. Sydow. Fortgeführt von L. Busch und O. Krieg. 14. Auflage. — 1926. Mit Nachtrag 1927, enthaltend die **Vergleichsordnung.**	10.—
	Nachtrag einzeln	—.80
127.	**Geschäftsaufsicht zur Abwendung des Konkurses.** Von G. Klien und E. Jaeger. — 1917. Durch Nachträge ergänzt.	3.—
43.	**Zwangsvollstreckung.** Von J. Krech und O. Fischer. 9. Auflage von O. Fischer. — 1922.	3.50

Textausgaben:

Konkursordnung. 2. Auflage. — 1915. Mit Nachtrag 1927.	1.50
Nachtrag einzeln	—.80

Strafrecht

Reichsgesetze:

2. **Strafgesetzbuch.** Von Fr. v. Liszt und E. Delaquis. 28. Auflage von E. Kohlrausch. — 1928. 8.—
9. **Sammlung kleinerer strafrechtlicher Reichsgesetze.** Von R. H. Kriegsmann. 3. Auflage. — 1910. 4.—
53. **Reichspreßgesetz.** Von A. Born. 3. Auflage. — 1924. 4.—
133. **Reichswuchergesetzgebung.** Von Ad. Lobe. — 1918. 2.80
67. **Militärstrafgesetzbuch.** Von A. Romen und E. Rissom. 3. Auflage. — 1918. Vergriffen.
173. **Schußwaffengesetz.** Von E. Wündisch. — 1928. 5.—

Preußische Gesetze:

34. Sammlung der wichtigsten **preußischen Strafgesetze.** Von O. Lindemann. 2. Auflage. — 1912. 3.50
86. **Polizeiverordnungen in Preußen.** Von O. Lindemann. 2. Auflage. — 1912. 2.50

Textausgaben:

Strafgesetzbuch. — 1925. 3.—

Strafprozeß

de Gruytersche Sammlung Deutscher Gesetze (Handkommentare):

Strafprozeßordnung und Gerichtsverfassungsgesetz. Von A. Feisenberger. — 1926. Mit Nachtrag 1927. 17.—
Nachtrag einzeln —.80

Reichsgesetze:

12. **Strafprozeßordnung und Gerichtsverfassungsgesetz.** Von E. Kohlrausch. 21. Auflage. — 1927. 7.50
158. **Strafprozeßordnung und Gerichtsverfassungsgesetz.** Alte und neue Fassung synoptisch gegenübergestellt. Von A. Feisenberger. — 1924. Mit Nachtrag 1927. 4.50
8. **Militärstrafgerichtsordnung.** Von A. Romen und E. Rissom. 2. Auflage. — 1918. 5.—
128. **Verhaftung und Aufenthaltsbeschränkung.** Von A. Romen. — 1917. 1.20
78. **Entschädigung für unschuldig erlittene Verhaftung und Bestrafung.** Von A. Romen. — 1904. 1.70

Textausgaben:

Strafprozeßordnung. 5. Auflage. — 1924. Mit Nachtrag 1927. 2.50

Öffentliches Recht

Staatsrecht

Reichsgesetze:

137. **Reichsverfassung.** Von A. Arndt. 3. Auflage. — 1927. 8.—
166. **Das deutsche Ausländerrecht.** Von W. Fraustädter und M. Kreutzberger. — 1927. 9.—
86. **Die Auslieferungsverträge des Deutschen Reiches.** Von A. Cohn. — 1908. 4.—
44. **Auswanderungswesen.** Von F. Stoerk. — 1899. 2.—
134. **Der Ostfrieden.** Von K. Strupp. — 1918. 3.—
111. **Reichs- und Staatsangehörigkeitsgesetz.** Von A. Romen. 2. Auflage. In Bearbeitung.
141. **Sozialisierungsgesetze.** Von O. Reier. — 1920. 2.20
99. **Die Abkommen der Haager Friedenskonferenz.** Vergriffen. Jetzt: H. Wehberg, **Völkerbundakte.** — 1919. (Außerhalb der Sammlung.) 4.—

Preußische Gesetze:

1. **Die Verfassung des Freistaats Preußen.** Von A. Arndt. — 1921. 2.—
   Ausführlicher Kommentar von Fr. Stier-Somlo. — 1921. (Außerhalb der Sammlung.) 8.—

Textausgaben:

Verfassung des Freistaates Preußen. — 1921. —.60

Verwaltungsrecht

a) Reichsrecht

Reichsgesetze:

82. **Reichsbeamtengesetz.** Von A. Arndt. 3. Auflage. — 1923. Mit Nachtrag, enthaltend die Änderungen bis 1924. 3.50
122. **Belagerungszustand.** Von H. Bürschel. — 1916. 3.50
35. **Die Reichs-Eisenbahngesetzgebung.** Von W. Coermann. — 1895. Vergriffen.
66. **Die Eisenbahngesetzgebung.** Von W. Pietsch. 2. Auflage. — 1913. Vergriffen.
91. **Eisenbahn-Verkehrsordnung.** Von E. Blume. 4. Auflage von W. Weirauch. — 1928. 9.—

147. **Filmzensur.** Von Szczesny. — 1920. 1.50
68. **Fleischbeschaugesetz.** Von G. Lebbin und G. Baum. — 1903. 2.80
27. **Gesundheitswesen im Deutschen Reich.** — 1888. Vergriffen.
56. **Bekämpfung gemeingefährlicher Krankheiten.** Von B. Burkhardt. — 1900. 1.20
63. **Gesetzestafel des deutschen Reichsrechts.** Von H. Bruhns. 2. Auflage. — 1913. 3.—
49. **Deutsche Kolonialgesetzgebung.** Von Ph. Zorn. 2. Auflage von Sassen. — 1913. 5.—
21. **Die Konsulargesetzgebung.** Von Ph. Zorn. 3. Auflage von K. Zorn. — 1911. 4.50
75. **Konsulargerichtsbarkeit.** Von A. F. Vorwerk. — 1908. 1.60
92. **Verkehr mit Kraftfahrzeugen.** Von R. Kirchner. 4. Auflage. In Vorbereitung.
Außerhalb der Sammlung: **Der Kraftfahrzeugverkehr.** Von G. Aumer. 2. Auflage. — 1928. 4.50
119. **Kriegsleistungsgesetz.** Vergriffen.
118. **Militärhinterbliebenengesetz.** Von Reh. — 1915. 2.20
79. **Die Militärpensionsgesetze.** Von A. Romen. Vergriffen.
136. **Militärversorgungsgesetz.** Von H. Günther. — 1919. 2.30
7. **Post- und Telegraphen-Gesetzgebung.** Vergriffen.
120. **Telegraphenwegegesetz.** Von C. Wolf. — 1916. 1.—
148. **Reichsausgleichsgesetz.** Von E. Decke. — 1920. 1.50
150. **Reichsschädengesetze.** Von A. Hohenstein und W. Goldbaum. — 1922. 4.—
97. **Schutzgebietsgesetz.** Von J. Gerstmeyer. — 1910. 2.50
105. **Das Geldwesen in den deutschen Schutzgebieten.** Von W. Hintze. — 1912. 1.80
140. **Die Siedelungsgesetzgebung im Reich und in Preußen.** Von W. Holzapfel. — 1920. 3.—
125. **Vaterländischer Hilfsdienst.** 3. Auflage. — 1917. 1.—
88. **Vereinsgesetz.** Von A. Romen. 5. Auflage. In Bearbeitung.
33. **Vereins- und Versammlungsrecht.** Von E. Ball. 2. Auflage von F. Friedenthal. — 1907. 2.—
103. **Reichs-Viehseuchengesetz.** Von W. v. Hippel. 2. Auflage. — 1913. 4.—

89. **Vogelschutzgesetz.** Von L. v. Boxberger. — 1909. 1.—
69. Reichsgesetz über die **Naturalleistungen der bewaffneten Macht im Frieden.** Von W. v. Hippel. — 1903. 1.—
114. **Waffengebrauch und Festnahmerecht des Militärs.** Von A. Romen und C. Rissom. — 1914. 1.80
142. **Wirtschaftliche Demobilmachung.** Von Gg. Fischbach. — 1920. 1.—
170. **Luftrecht.** Von R. Busse. 1928. 10.—
171. **Seewasserstraßenordnung.** Von J. Sebba. — 1928. 8.50
173. **Schußwaffen und Munition.** Von E. Wündisch. — 1928. 5.—

Preußische Gesetze:

48. **Zweckverbandsgesetz für Groß-Berlin.** Von L. Brühl, K. Gordan und W. Ledermann. — 1912. 4.—

b) Landesrecht

Preußische Gesetze:

50. **Gesetz, betr. die Anlegung und Veränderung von Straßen und Plätzen in Städten und ländlichen Ortschaften.** Von O. Meyer. — 1913. 3.—
46. **Austritt aus der Landeskirche.** Von H. Caro. — 1911. 2.40
2. **Preußische Beamtengesetzgebung.** Von K. Pfafferoth. 5. Auflage. — 1916. 2.40
51. **Das preußische Disziplinargesetz für die nichtrichterlichen Beamten.** Von E. v. Dultzig. — 1914. 4.20
25. **Preußische Kommunalbeamtengesetzgebung.** Von F. Kremski. — 1901. 3.—
22. **Anstellung und Versorgung der Kommunalbeamten.** Von W. Ledermann. 2. Auflage von L. Brühl. — 1914. 2.—
26. **Diensteinkommen der Lehrer und Lehrerinnen.** Von E. Cremer. — 1900. 2.20
12. **Allgemeines Berggesetz.** Von W. Schlüter und Fr. Hense. 4. Auflage. In Vorbereitung.
47. **Feuerbestattung.** Von W. Lohmann. — 1912. 1.50
28. **Die Fürsorgeerziehung Minderjähriger.** Von P. F. Aschrott. 3. Auflage. — 1917. 2.80
31a/b. **Die preußischen Gesindeordnungen.** Zwei Bände. Von St. Gerhard. 5.50
24. **Die Hinterlegungsordnung (1879).** Von G. Bartels. 2. Auflage. — 1908. 2.—
53. **Hinterlegungsordnung** von 1913. Von R. Hagemann. — 1914. 2.20

41. **Die preußischen Jagdpolizeigesetze**, siehe Nr. 63.

19. **Jagdscheingesetz.** Von F. Kunze. 2. Auflage. — 1899. 2.—

45. **Rechtsverhältnisse der Juden in Preußen.** Von M. Kollenscher. — 1910. 2.40

15. **Die Kreisordnungen.** Von O. Kolisch. — 1894. Vergriffen.

57. **Landeskulturbehörden.** Von W. Holzapfel. — 1919. 2.—

42. **Allgemeine Landesverwaltung** und **Zuständigkeit der Verwaltungs- und Verwaltungsgerichtsbehörden.** Von K. Friedrichs. 3. Auflage. — 1927. 5.—

44. **Quellenschutzgesetz.** Von C. Voelkel. — 1909. 1.—

33. **Rentenguts- und Anerbenrechtsgesetzgebung.** Vergriffen.

30. **Preußisches Staatsschuldbuch** und **Reichsschuldbuch.** Von J. Mücke. — 1902. 2.—

59. **Bildung der neuen Stadtgemeinde Berlin.** Von P. Wölbling. 2. Auflage. — 1920. 1.40

32. **Städteordnung.** Von W. Ledermann und L. Brühl. 2. Auflage. — 1913. 6.—

56. **Das preußische Tumultschadengesetz.** Von Br. Friedländer. — 1919. —.80

60. **Umlegungsordnung.** Von W. Holzapfel. — 1921. 1.80

43. **Verschuldungsgrenze** für land- und forstwirtschaftlich benutzte Grundstücke. Von R. Leweck. — 1908. 2.40

49. **Gesetze gegen die Verunstaltung landschaftlich hervorragender Gegenden.** Von O. Goldschmidt. — 1912. 2.40

40. **Verwaltungsstrafverfahren.** Von R. Katzenstein. — 1907. 3.50

39. **Unterhaltung der öffentlichen Volksschulen.** Von A. Marcks. — 1906. 1.80

52. **Preußisches Wassergesetz.** Von G. Wulff und F. Herold. 2. Auflage von G. Wulff. — 1928. 12.—

55. **Preußisches Wohnungsgesetz.** Von B. Schmittmann. — 1918. 2.60

62. **Das preußische Fischereigesetz.** Von A. Born. — 1928. 7.50

63. **Die preußischen Jagdgesetze.** Von A. Born. — 1928. 8.—

64. **Die preußischen Baupolizeigesetze.** Von H. Heine. — 1928. 8.—

Steuerrecht

Reichsgesetze:

143. **Reichsabgabenordnung.** Von A. Nieberl. 2. Auflage. — 1927. Mit Nachtrag 1928. 12.—

126. **Besitzsteuergesetz.** Von A. Mrozek. Vergriffen.

151. **Einkommensteuer und Körperschaftsteuer.** Von A. Hollaender. — 1926. Mit Nachtrag, enthaltend die Anderungen vom 22. Dezember 1927. 24.—

77. **Das Erbschaftssteuergesetz.** Von B. Henckel. — 1920. Vergriffen. Neue Fassung von H. Schachian. 4. Auflage. — 1926. (Außerhalb der Sammlung.) 2.50

54 b. **Nahrungsmittelgesetze** mit Erläuterungen. Von Georg Lebbin. 2. Auflage in zwei Bänden. II. **Getränkegesetze und Getränkesteuergesetze** (Wein, Bier, Branntwein, Mineralwasser). Unter Mitwirkung von K. Kniebe. — 1926. 10.—

139. **Grunderwerbsteuergesetz.** Von O. Lindemann. 2. Auflage. — 1926. Mit Nachtrag 1927. 4.—
Nachtrag einzeln —.30

159. **Industriebelastungsgesetz.** Von H. Höpker. — 1925. 4.—

121. **Direkte Kriegssteuer.** Von A. Mrozek. — 1916. 3.50

131 a. **Reichsfinanzgesetzgebung 1918.** Bd. I: **Getränkesteuern.** Von G. Mayer. — 1918. 2.50

131 b. **Reichsfinanzgesetzgebung 1918.** Bd. II: **Einkommen, Umsatz** usw. Von G. Mayer. — 1919. 1.50

149. **Reichsnotopfergesetz.** Von A. Friedmann und R. Wrzeszinsky. — 1921. 4.—

18. **Reichsstempelgesetz.** Von P. Loeck. Vergriffen. Wird durch Kapitalverkehrssteuergesetz ersetzt. Erläuterte Ausgabe in Bearbeitung.

145. **Steuer- und Kapitalflucht.** Von E. H. Meyer. 2. Auflage. — 1921. 1.60

157. **Dritte Steuernotverordnung vom 14. Februar 1924** mit den Vorschriften über **Aufwertung.** 2. Auflage unter dem Titel: **Aufwertungsrecht.** Von R. Michaelis. — 1926. Mit Nachtrag 1927. 16.—
Nachtrag einzeln —.80

132. **Umsatzsteuergesetz.** Von O. Lindemann. 4. Auflage. — 1926. 10.—

110. **Wehrbeitragsgesetz.** Von A. Fernow. 2. Auflage. — 1913. 1.60

146. **Tabaksteuergesetz.** Von Fr. Wündisch. — 1920. Mit Nachtrag 1925. 4.—
Nachtrag einzeln 1.50
78. **Zigarettensteuergesetz.** Von W. Cuno. Vergriffen.
101. **Zuwachssteuergesetz.** Von W. Cuno. Vergriffen.
153. **Zwangsanleihegesetz.** Von H. V. Simon und W. Beutner. — 1923. 8.—

Preußische Gesetze:

20. **Die preußischen Erbschaftssteuergesetze.** Von U. Hoffmann. — 1905. 3.—
13. **Ergänzungssteuergesetz.** Von A. Fernow. 5. Auflage. 1914. 3.—
11. **Gewerbesteuergesetz.** Von A. Fernow. Vergriffen.
14. **Kommunalabgabengesetz.** Von F. Adickes. 6. Auflage von Falk. — 1922. 3.50
38. **Kreis- und Provinzialabgabengesetz.** Von F. Schmidt. — 1906. 1.20
18. **Preußisches Stempelsteuergesetz.** Von P. Loeck. 10. Auflage von K. Eiffler. — 1928. 13.—
61. **Preußische Verwaltungsgebührenordnung.** Von K. Eiffler. — 1925. Mit Nachtrag 1925. 6.—
27. **Warenhaussteuer.** Von G. Strutz. — 1900. 1.20

Textausgaben:

Erbschaftsteuergesetz. Neue Fassung von H. Schachian. 4. Auflage. — 1926. 2.50
Reichssteuergesetze 1925 (Steuerüberleitungsgesetz mit Durchführungsbestimmungen — Einkommensteuer, Körperschaftssteuer, Reichsbewertungsgesetz, Vermögensteuer, Erbschaftsteuer). — 1925. 4.—
Wehrbeitrag und **Besitzsteuer.** — 1913. —.50
Zuwachssteuergesetz. — 1911. —.50
—, **Ausführungsbestimmungen.** — 1911. —.40

Kolibri 360 GmbH
Ferdinand-Jühlke-Straße 7
99095 Erfurt, Deutschland
produktsicherheit@kolibri360.de